Finanziell frei

Wie ich es geschafft habe, mit 45 ohne Geldsorgen zu leben

Von Monika Reich

Finanziell frei

*Wie ich es geschafft habe,
mit 45 ohne Geldsorgen zu leben*

Von Monika Reich

Mit Gastbeiträgen von Linda Benninghoff, Gisela Enders, Lars Hattwig, Dividendenhamster Henry, Daniel Korth, und Peter Ranning

Bibliografische Information der Deutschen Nationalbibliothek:
Die Deutsche Nationalbibliothek verzeichnet diese Publikation in der Deutschen Nationalbibliografie; detaillierte bibliografische Daten sind im Internet über http://dnb.dnb.de abrufbar.

© 2016 Monika Reich

Weitere Mitwirkende: Linda Benninghoff, Gisela Enders, Lars Hattwig, Dividendenhamster Henry, Daniel Korth, Peter Ranning

Herstellung und Verlag: BoD – Books on Demand, Norderstedt

ISBN 978-3-8370-9210-3

Inhaltsverzeichnis

1. Teil – Wie ich es geschafft habe, finanziell frei zu sein

VORWORT

Viele Menschen träumen von der finanziellen Freiheit. Was diese Freiheit genau bedeutet, ist nicht genau definiert. Auf jeden Fall bedeutet es, nicht mehr einer Erwerbsarbeit nachzugehen, zu der man keine Lust hat. Es bedeutet auch, zumindest finde ich das zentral, nicht finanziell erpressbar zu sein. Also Arbeiten annehmen zu müssen, nur weil man das Geld braucht. Ob finanzielle Freiheit automatisch ein Leben im Luxus bedeutet, halte ich für fragwürdig. Letzteres habe ich auch noch nicht erreicht. Aber ich habe mit 47 Jahren die finanzielle Freiheit insoweit erlangt, dass mein Mann und ich nicht mehr für unseren Lebensunterhalt arbeiten müssen. Eigentlich haben wir dies schon seit einigen Jahren erreicht. Aber es hat eine Weile gedauert, bis dieser Fakt im Kopf angekommen ist. Bei meinem Mann ein bisschen früher als bei mir. Für ihn hat Erwerbsarbeit nicht so viel mit Wertschätzung, Anerkennung und sinnvoller Beschäftigung zu tun, entsprechend hat er seine Stelle vor einigen Jahren gekündigt und arbeitet ein bisschen freiberuflich. Ich arbeite immer noch, weil mir meine Arbeit ausgesprochen viel Spaß macht. Allerdings dosiert und immer in einer Mischung zwischen Arbeit und Hobby. Ist das Schreiben gerade hier Arbeit oder einfach nur eine Form der Bewältigung eines Lebenswandels? Ich kann es nicht genau trennen. Und das ist ja auch gut so. Frei nach dem Motto „Finde eine Arbeit, die Dir Spaß macht und Du musst nie wieder arbeiten".

Wie habe ich die finanzielle Freiheit erreicht? Nun, nicht dadurch, dass ich mein ganzes bisheriges Leben malocht hätte und nur trocken Brot geknabbert habe.
Vieles erschließt sich immer nur im Rückblick. Und da ein wesentliches Ziel erreicht ist, möchte ich mit diesem Buch einen kleinen Rückblick wagen.

* * *

Über Geld spricht man nicht – mit diesem Gedanken bin auch ich aufgewachsen. Und habe über mein kleines Hobby meist geschwiegen: Der Freude Geld zunächst zu sparen und später zu mehren. Gerade für und unter Frauen gibt es viele Gesprächsthemen: Über Männer, über den Beruf und viele verschiedene Ziele bis hin zu Kochrezepten und tollen Theaterstücken. Geld, Geldanlagen oder interessante Finanzierungskonzepte gehören nicht zum Gesprächsrepertoire. Bei den meisten Gesprächen in gemischten Runden oder in Runden, in denen ich die einzige Frau bin, habe ich das Gefühl als vermögende Frau gar nicht ernst genommen zu werden. Ich gebe zu, in diesen Runden breche ich manchmal meine vornehme Zurückhaltung, weil ich es nicht durchgehen lassen kann, dass ich als (dumme) Frau, die zufällig mit dabei ist, wahrgenommen werden will. Und genau die Reaktionen in solchen Runden haben mich auf die Idee gebracht, meine Geschichte aufzuschreiben. Wenn ich rausrücke, dass ich viele Wohnungen besitze, kommt automatisch die Vermutung, ich hätte diese geerbt. Jungen Frauen wird nicht zugetraut, dass sie Mietwohnungen kaufen. Solche Gespräche waren und sind aber eh die totale Ausnahme.

Im Grunde rede ich nicht über Geld, sehr selten in meinem Freundeskreis, ein bisschen mit meinem Mann und manchmal mit meinem Vater. Aber sonst erkennt keiner, dass ich vermögend bin. Wozu auch? Über Geld spricht man nicht und wenn ich doch mal etwas erwähne, gibt es auch so gut wie nie ein Interesse herauszubekommen, wie ich in diese bequeme Situation gekommen bin. Stattdessen erfahre ich dann viele Geschichten, warum es meinem Gegenüber wie schlecht geht und warum finanzielle Freiheit nie erreicht werden kann. Ganz selten rede ich mit anderen vermögenden Menschen, aber die sind meist genauso verschwiegen und eher verwundert, wenn es zu einem offenen Gespräch kommen soll.

Wir machen es uns nicht einfach mit dem lieben Geld. Nun will ich auch nicht die Amerikaner über den Klee loben, die in dieser Hinsicht viel offener sind. Damit verbunden ist der Nachteil, dass Menschen schnell nach ihrer Geldbörse bewertet werden. Ein Maßstab, der für mich völlig abwegig ist.

Im Rückblick erkennt man vieles, was im aktuellen Leben einfach so passiert – im Guten, wie im Schlechten. Bei allen Stationen auf dem Weg zur finanziellen Unabhängigkeit habe ich diese als solche nicht erkannt. Sie sind einfach passiert. Heute erscheinen sie mir schon als wichtige Schritte, aber eben erst in der Retrospektive. Aus dieser lassen sie sich jetzt gut beschreiben.

Bei einigen Kapiteln gebe ich am Ende des Kapitels einen Finanztipp. Diese sind gedacht, für Menschen, die sich jetzt auf den Weg machen wollen, um finanzielle Freiheit zu erlangen. Natürlich sind diese Tipps in keiner Weise bindend und auch nicht mit einem Erfolgsversprechen meinerseits versehen. Das ist ja das dumme am gesamten Finanzgeschehen: Im Rückblick lassen sich gute Tipps geben, aber in die Zukunft schauen, kann niemand. Ich leider auch nicht.

* * *

SPARSAMKEIT UND SICHERHEIT

Wir springen in meine Jugend, in die Prägungen, die man so als Kind und Jugendlicher abbekommt und die zentral das zukünftige Verhalten beeinflussen. Meine Eltern sind beides Kriegskinder, sie haben in ihrer Kindheit Armut erlebt und daraus zwei wesentliche Ziele abgeleitet: Sparsamkeit und das Streben nach Sicherheit. Werte aus dem Elternhaus werden erstmal übernommen, zumindest habe ich das getan.

Sparsam leben heißt viele Investitionen zu hinterfragen. Ich habe das geschickt gelöst, über meine Werte. Die hatten nichts mit Geld zu tun, haben aber mein Ausgabeverhalten stark beeinflusst. Ich habe mich als Teenager sehr dem alternativen Lebensstil zugewandt und von daher habe ich viele Second Hand Klamotten gehabt und diese gerne möglichst lange getragen. Schöner Dialog von damals: Ich wollte einem Obdachlosen eine Mark geben. Der gibt sie mir zurück mit den Worten: Du brauchst das doch selber.
Nicht das ich peinlich berührt gewesen wäre, eher irgendwie amüsiert und ein bisschen stolz.

Ich war sparsam und ich hatte schon als Kind ein schönes blaues Postsparbuch. Da habe ich immer alles eingezahlt. Ich kann mich nicht entsinnen, dass ich viele Wünsche hatte, die ich daraus dann auch mal verwirklicht hätte.

Das Streben nach Sicherheit hat sich in meiner Jugend noch nicht so intensiv bemerkbar gemacht. Dies wird sich in meinem Leben erst später auswirken. Dennoch haben mir die Zahlen in meinem Postsparbuch ein gutes Gefühl bereitet, ich hätte es als Jugendliche aber noch nicht als ein Bedürfnis nach finanzieller Sicherheit erkannt. Eher bediente es das Bedürfnis nach finanzieller Unabhängigkeit. Ich hatte Eltern, die durchaus genug Geld gehabt hatten, um unsere Wünsche zu erfüllen. Sie waren allerdings recht wertegesteuert. Brauchte ich für meine Geige neue Saiten, war das kein Problem. Wollte ich eine neue Schallplatte von den Beatles, schon. Da war es einfach schön, sich die Wünsche, die nicht in die Werte meiner Eltern passten, selbst bezahlen zu können. Damit habe ich schon ein erstes Bedürfnis nach Unabhängigkeit bedient.

Mein Finanztipp: Kinder sind nur sehr begrenzt in der Lage Geldentscheidungen von erwachsenen Menschen zu hinterfragen. Sie modellieren, d.h. sie machen das nach, was ihnen vorgelebt wird. Wenn Sie selber Kinder haben, dann leben Sie diesen ein Konsumleben vor, welches auch hinterfragt, was gebraucht wird und was nicht. Und zwar mehr an Alltagsentscheidungen, die Sie und den gesamten Haushalt betreffen, als an Konsumentscheidungen, die die Kinder direkt betref-

fen. Letzteres ist auch gut, wirkt aber nur, wenn Kinder auch erleben, dass kritischer Konsum und Sparsamkeit im Ganzen gelebt wird.

* * *

GELD IST KEIN FRAUENTHEMA

Traditionell ist das Thema Geld nicht gerade weiblich besetzt. Ich hatte in diesem Kontext zwei einschneidende Erlebnisse mit meinen Großmüttern. Sie wurden beide in meinen Teenagerjahren Witwen. Die eine hatte Vermögen mit in die Ehe gebracht und war nach dem Tod meines Großvaters ganz froh, dass sie endlich wieder über ihr gesamtes eigenes Geld verfügen konnte. Unglaublich, dass es bis 1954 in Deutschland ein Gesetz gab, was Frauen faktisch dazu zwang in der Ehe dem Mann die Verwaltung und die Hoheit über ihre eigenen Finanzen zu überlassen. Später habe ich übrigens erfahren, dass auch meine Oma mit Aktien spekuliert hat. Sie hat darüber nur wenig geredet, allerdings wohl schon Wege gefunden, über einen Teil ihres Geldes selber verfügen zu können.

Die andere Seite war finanziell nicht begütert unterwegs. Hier war meine Oma nach dem Tod meines Opas sehr verunsichert, weil sie gar nicht wusste, ob das Geld für ihr weiteres Leben reichen würde.

Beides hat mich befremdet und mir war klar, dass ich mit Geld anders umgehen würde wollen. Weder würde ich mein Geld zur Verwaltung an einen Mann oder eine andere Person abgeben noch mich so auf einen anderen Menschen verlassen, dass ich nicht wissen würde, wieviel Geld uns und letztlich mir zur Verfügung stehen würde. Haushaltsgeld war mir ein Begriff, bei dem ich wusste, dass er in meinem Leben keine Rolle spielen soll. Eher würde ich nie heiraten!

In die Reihe der So-Will-Ich-Nicht-Werden-Vorbilder ist auch meine Mutter zu stellen. Eine sonst sehr patente selbständige Frau wird beim Thema Geld ganz unselbständig und flucht schon, wenn sie eine Überweisung selbst ausfüllen soll. Ich habe mich sonst sicherlich viel an meinen weiblichen Vorfahren orientiert, aber hier wusste ich früh, dass ich dies anders angehen möchte.

Mein Finanztipp für Frauen: *Kümmern Sie sich selbst um Ihr Geld! Es ist nichts unangenehmes, es ist auch nicht schwer und es lohnt sich in fast jeder Lebenslage, selbst über eigenes Geld (und Vermögen) zu verfügen. Dazu braucht es ein bisschen Interesse und den Grundgedanken, für dieses Thema verantwortlich zu sein. Auch wenn Ihre weiblichen Vorfahren dies nicht waren.*

Mein Finanztipp für Männer: Wenn Sie mit einer Frau zusammenleben, übernehmen Sie nicht die finanzielle Verantwortung für beide. Das funktioniert so einfach und fühlt sich so natürlich an. Ich glaube aber, dass es in einer gleichberechtigten Beziehung wichtig ist, genau bei diesem Thema auch gleiche Verantwortung zu tragen. So wie die meisten Männer ja auch heute Verantwortung für die Kindererziehung mittragen. Das war in den vorherigen Generationen meist auch nicht der Fall.

* * *

DEN BLICK FÜR GELEGENHEITEN SCHULEN

Das ist schon kurios, meine ersten Handelserfahrungen habe ich in der DDR gemacht. Oder mit dieser, denn die Gewinne habe ich im Westen realisiert. Ich hatte von 1986 bis 1988 in der DDR einen Freund. Den habe ich immer munter besucht und mit dem Zwangsumtausch musste ich ja irgendwas machen. Mein Freund war in der DDR im Handel tätig, er wusste, wo es was gab und wie man dran kam. Und so habe ich einen regen Handel begonnen mit Aquarellblöcken, Klemmbrettern und sehr kurios, dem kommunistischen Manifest. Letzteres gab es in der DDR für 0,80 Ostmark. Bei uns in der Schule wurde in der 12. Klasse der Kommunismus durchgenommen, es war kein Problem, an alle Mitschüler dieses Manifest für 2,- DM zu verkaufen. Einmal bin ich mit 20 dieser kleinen Büchlein an der Grenze kontrolliert worden. Die Grenzerin war sichtlich irritiert, wusste jetzt aber wohl auch nicht so richtig, was gegen diesen Export spricht.

Nicht das ich ein Vermögen mit diesem kleinen Handel erwirtschaftet hätte. Ich habe eher den Blick für Gelegenheiten und Chancen geschult und auch meine Experimentierfreudigkeit. Natürlich hat nicht alles geklappt. Einiges aus der DDR wollte im Westen keiner haben und nach 89 war der Markt dann eh kaputt. Aber auch wenn ich nicht reich geworden bin, meine Besuche in die DDR habe ich mit den Einnahmen locker finanziert.

Mein Finanztipp: Es gibt vieles, was wir sehr gerne machen oder was gerade mal so im Leben passiert. Hier ein bisschen den Entdeckergeist zu schulen, wie man mit solchen Situationen auch Geld verdienen kann, ist extrem spannend und macht großen Spaß. Dabei sollte allerdings der spielerische Fokus (in meinem Fall bin ich zu meinem geliebten Partner gefahren) weiterhin im Vordergrund stehen. Arbeit und Gelderwerb muss aber nicht weh tun!

* * *

KEINE LUST AUF EIN KLASSISCHES BERUFSLEBEN

Das Arbeitsleben, so wie es mir meine Eltern und viele andere ältere Menschen vorlebten, fand ich ausgesprochen unspannend. Jeden Tag irgendwohin gehen und dann für Geld irgendwelche Sachen tun, das wurde nicht so richtig zu meiner spannenden Lebensvision. Zumal in den 80er Jahren Lehrstellenmangel war. Es war also klar, dass ich mich heftig bewerben müsste, um überhaupt genommen zu werden. Vielleicht auch noch in einem Ausbildungsberuf, der meine zweite oder dritte Wahl gewesen wäre. Und dann die Vorstellung, da jeden Tag hinzugehen und mir von irgendjemanden etwas sagen lassen zu müssen. Das war mir, mit meinem unabhängigen Naturell, ein Graus. Nicht das ich nicht gearbeitet hätte. Zu diesem Zeitpunkt war ich gleich in mehreren Vereinen aktiv. Habe im Umweltschutz reingeschnuppert, bei sozialen Vereinen ausgeholfen und ohne Geld in unserem Eine Welt Laden jede Woche Honig, Kaffee und viele andere Dinge verkauft. Arbeit mit Sinn habe ich gerne gemacht, auch ohne Geld, das war mir nicht wichtig, beziehungsweise es gab diese Option damals schlicht nicht. So konnte ich mir auch nicht vorstellen, mein Berufsleben in solchen Bereichen zu denken. Denn in den 80er Jahren des letzten Jahrhunderts gab es in Umweltverbänden, bei Eine Welt Läden und in fast allen anderen sozialen Bereichen einfach so gut wie keine Stellen oder ich habe diese nicht entdeckt. Maximal habe ich von einer ABM Stelle geträumt, die gab es bei einigen Vereinen und garantierten für ein bis zwei Jahre ein ordentliches Gehalt. Für alle jüngeren Leser: ABM Stellen waren Arbeitsbeschaffungsmaßnahmen, sie wurden überwiegend vom Arbeitsamt finanziert und konnten von Vereinen beantragt werden.

Meine Eltern wollten, dass ich studiere. Und da mir nichts Besseres einfiel, habe ich das dann auch getan. Wenn auch nur mit wenig Leidenschaft, die habe ich weiterhin in mein ehrenamtliches Engagement gesteckt. Im Rückblick kann ich auch sagen, dass ich meine wirklichen Kompetenzen im Ehrenamt gelernt oder besser mir in der Praxis erarbeitet habe. Das Studium war nur gut, um zu einem akademischen Titel zu kommen. Und auch ein bisschen Geld einzunehmen, aber dazu später mehr.

Mein Tipp: Dies ist kein Finanztipp, sondern eher eine Lernerfahrung. Bildung findet nicht nur in den dafür vorgesehenen Institutionen statt. Gute Bildung macht sich auch nicht an Zertifikaten und Zeugnissen fest, sondern an Neugierde und Freude daran, dass Erlernte zu nutzen, zu kombinieren und in unterschiedlichen Kontexten neu einzusetzen. Und immer wieder Neues dazuzulernen. Weil es Spaß macht!

* * *

ICH BIN KEINE SCHÖNE FRAU

Die Genetik hat mich nicht sehr großzügig mit den gängigen Schönheitsmerkmalen für Frauen ausgestattet. Nun kann man sich natürlich fragen, was das mit Geld zu tun hat. Auf den ersten Blick wenig, auf den zweiten Blick dann doch ein bisschen was.

Ich habe mit Interesse (und durchaus Neid) beobachtet, was meine Freundinnen so alles taten, um ihre Schönheit zu betonen. Ob Mode, Make-up oder Schmuck, da wurde viel getan und investiert. In den eigenen Körper. Es wurde Geld investiert und was ich fast noch wichtiger finde, viel Aufmerksamkeit.

Dahinter steckt die archaische Hoffnung mit der eigenen Schönheit eine möglichst gute Partie zu machen. Ich wusste, dass dies für mich wahrscheinlich keine Option sein würde. Ich könnte noch so viel investieren, ich würde da nicht mithalten können. Also habe ich früh entschieden, dies zu lassen. Stattdessen habe ich meine Aufmerksamkeit auf meine Neugier, meine Intelligenz und auf ungewöhnliche Lösungen gelegt. Wenn andere gesagt haben, das macht man nicht, habe ich hinterfragt, warum nicht.

Was das mit Geld ausgeben zu tun hat? Sehr viel. Wir geben unglaublich viel Geld aus, um unser Bedürfnis nach Zugehörigkeit zu bedienen. Die neue Mode ist wichtig, der neue Farbtrend beim Make-up macht die alten Lippenstifte überflüssig, ganz zu schweigen von Schuhen, davon kann frau nie genug haben. Ich könnte diese Liste beliebig fortsetzen. Zugehörigkeit kostet unglaublich viel Geld. Sollten es Freunden versäumen, Bedürfnisse zu schüren, wird die Werbung dafür sorgen, dass am Ende des Monats der Geldbeutel leer ist.

Ich wusste, dass ich eh eine Außenseiterin bin und habe mich in dieser Rolle sehr gut eingerichtet. Die Lösung in jungen Jahren „Öko" zu werden, war super. Unter den anderen Ökos herrschte dann natürlich auch wieder Zugehörigkeit. Wir haben eine Kultur gepflegt, den Mainstream zu hinterfragen. Eben auch den blöden Kapitalismus und den ganzen Konsumscheiß.

Sozialisiert in diesem Gedankengut, war es in meinem weiteren Leben wirklich sehr einfach, Konsumentscheidungen kritisch zu hinterfragen. Manchmal vielleicht sogar zu kritisch, das kann auch sehr spaßfeindlich sein. Aber ich stehe dazu, dass ich Dinge nicht kaufen will, die wahlweise nicht ordentlich produziert wurden oder bei denen ich weiß, dass sie schnell wieder im Müll landen werden und dort Probleme bereiten. Und das gilt leider für viele Dinge, die wir im Leben so nutzen.

Die Haltung, Produkte kritisch zu hinterfragen, kombiniert mit einem besonnenen Blick, was ich wirklich brauche, macht automatisch sehr sparsam.

Mein Finanztipp: Machen Sie sich frei vom Konsum für das Gefühl von Zugehörigkeit. Schauen Sie, wie Sie auf günstigeren Wegen Zugehörigkeit schaffen können. Außerdem bilden wir uns diese oft nur ein. Gehören wir wirklich mehr zu unserem Freundeskreis, weil wir uns den neuen modischen Rock gekauft haben? Und wollen wir wirklich zu einem Freundeskreis gehören, der sich über solche Äußerlichkeiten definiert?

* * *

DIE ERSTE VISION VON FINANZIELLER FREIHEIT

Mit 18 habe ich das erste Mal von finanzieller Freiheit geträumt. Der Gedanke war zunächst aus der Not geboren. Aus dem Gedanken, dass ich mit meinen Leidenschaften niemanden finden würde, der bereit ist, dafür Geld zu bezahlen. Also habe ich nach Auswegen gesucht und angefangen zu denken und natürlich zu träumen. Ich habe meine erste Vision von finanzieller Freiheit entwickelt!

30 Jahre später habe ich gelernt, was ich da mit meinen 18 Jahren gemacht habe: Eine Bestellung ans Universum abgeschickt oder mein Mindset im Unterbewussten programmiert. Das ist Glaubenssache.

Wie sah meine Vision mit 18 also aus? Hintergedanke war, dass ich mich lieber selbstbestimmt ehrenamtlich engagieren wollte, als angestellt irgendwo sinnlos zu arbeiten. Und damals habe ich mich dann einfach mal mit dem Taschenrechner hingesetzt und gerechnet. Wie viel Geld brauche ich, um von den Zinsen zu leben? Mit wie viel Jahren lässt sich das schaffen? Ich kam damals darauf, dass dies mit 40 Jahren zu schaffen sein sollte. Diese Rechnung habe ich vollen Stolzes meinem Vater präsentiert. Er hat mich dann noch auf die Inflation aufmerksam gemacht, die hatte ich mit meinen 18 Jahren noch nicht im Blick.

Wo wir beide nicht drauf kamen, wir schreiben das Jahr 1986, das die angenommenen 6% Zinsen (als damalige konservative kleine Größe) irgendwann nicht mehr zu realisieren seien. Auch war ich damals noch nicht so versiert, dass ich mir schon Gedanken über Aktienanlagen oder andere Geldanlage- formen gemacht hätte. Ich wusste nur, das man mit langfristigen Sparanlagen ungefähr 6% Zinsen bekommt.

Das Ziel war klar: Ab 40 Jahren finanziell unabhängig. Selbst entscheiden können, was ich dann mache und für welche Ziele ich meine Zeit einsetzen will.

Klar war mir auch, dass dieses Ziel nur machbar ist, wenn ich immer wieder Geld beiseite legen würde und insgesamt sparsam leben würde. In den darauffolgenden Jahren habe ich übrigens tendenziell nur die letzten beiden Vorsätze beherzigt. An das Ziel der finanziellen Freiheit habe ich lang nicht mehr gedacht, im Gegenteil zwischendurch fand ich es eher komplett unrealistisch und auch nicht immer erstrebenswert.

Mein Finanztipp: *Investieren Sie Zeit in Ihre (finanziellen) Ziele und machen Sie diese groß. Warum wollen Sie finanzielle Freiheit erlangen, was soll Ihnen dieser Zustand ermöglichen? Wann wollen Sie das Ziel genau erreichen?*

Ich glaube übrigens nicht, dass das Ziel „genug für die Altersvorsorge", eine ausreichende Energie entwickelt. Dieses Ziel wird uns vom Staat gepredigt und ja, es ist richtig, dass wir für die Altersvorsorge Geld zur Seite legen müssen. Für mich war dies aber nie ein wirklich spannendes Ziel, sondern eben so ein Muss. Keins, was in meinem Gehirn oder in meinem Universum wirklich Energien freisetzt. Damit will ich nicht sagen, dass es nicht wichtig ist, für's Alter vorzusorgen.

* * *

DEN EIGENEN WERT ERKENNEN

Mein Studium haben in den Grundkosten meine Eltern finanziert. Dafür bin ich ihnen sehr dankbar. Für Nebenjobs hatte ich auch nicht wirklich Zeit, ich war inzwischen ehrenamtlich in einer Führungsposition in einem Jugendverband aktiv. Mit diesem Verband nahm nun ein großes Unternehmen Kontakt auf. Sie wollten in den neuen Bundesländern über eine Stiftung Spielplätze und Orte für Jugendliche fördern und brauchten jugendliche Expertise. Diese wollten sie von uns als Verband. Meine Vorstandskollegen wollten aber nicht, eine Zusammenarbeit mit einem Wirtschaftsunternehmen war zum damaligen Zeitpunkt nicht angesagt. Ich habe mir dann von den anderen das Okay geholt, dass ich mit dem Unternehmen alleine weiter verhandeln dürfe. Das ging. Und so habe ich dem Unternehmen dann mich als Person mit meinem Wissen verkauft. Allerdings eben verkauft. Für mich war das im Ehrenamt zunächst ungewohnt, für meine Beratungsleistung Geld haben zu wollen. Ich fand mich gerade zu unverschämt. Für das Wirtschaftsunternehmen und die begleitende Werbeagentur dagegen war das wahrscheinlich völlig normal. Und heute würde ich auch sagen, ja klar, wer spezielles Fachwissen einbringt, der soll dafür auch ordentlich bezahlt werden. Auch wenn man noch jung ist. Gerade dieses Wissen als junger Mensch war ja schließlich gefragt. Für mich war dieses Engagement über viele Jahre eine echte Goldgrube. Ob Treffen, Beratung oder sonstige Arbeit für die Stiftung anstand oder eben nicht, ich bekam jeden Monat brav meine 500,- DM überwiesen. Und Spaß gemacht hat es auch noch!

Ergänzend habe ich am Rande und dann verstärkt durch passende Literatur viel über das Unternehmen und über Beratungsformen gelernt. Ich hatte Lust, Hintergründe zu verstehen, mitreden zu können und einfach mehr zu wissen. Besonders interessiert hat mich die Werbeagentur, bei der ich genau geschaut habe, wie diese uns in Sachen Kommunikation beriet. Im Anschluss habe ich viel gelesen, meist über Kommunikationsstrategien. In meinem späteren Leben konnte ich vieles davon immer wieder einsetzen, in ganz vielen unterschiedlichen Kontexten.

Mein Finanztipp: Verkaufen Sie Ihr Wissen und nicht Ihre Zeit. Das ist für viele Menschen sehr ungewohnt, aber eigentlich für beide Seiten viel logischer. Auch der Mensch, der Sie bezahlt, will in der Regel nicht einen Teil Ihrer Lebenszeit haben, sondern an einem bestimmten Wissen teilhaben. Dies setzt natürlich voraus, dass Sie sich über Ihr besonderes Wissen bewusst sind und herausfinden, wer das brauchen kann.

* * *

MIT DEM STUDIUM GELD VERDIENEN

Eine kleine Krönung war dann noch eine studentische Projektarbeit, die wir mit und für dieses Unternehmen durchführten. Entstanden war die Idee für das Projekt auf einer Bahnfahrt mit einem der Unternehmensmanager. Es gab da einen Bedarf im Unternehmen und es war klar, dass diese Entwicklung nicht von den eigenen Leuten entwickelt werden könnte. Es brauchte frische Ideen von außen und gerne auch von jungen Menschen. Diese Projektidee habe ich dann in einem Projektbasar in unserer Uni vorgetragen. Es fanden sich dann auch einige Kommilitonen, die an diesem Projekt Interesse hatten.

Nun brauchten wir noch einen begleitenden Professor. Dieser fand sich auch, erwartete aber, dass wir mit der Firma finanzielle Verhandlungen für die Beratungsleistung führen und ihm dann auch was davon abgeben würden. Das haben wir dann auch so gemacht. In einer Verhandlung mit dem Unternehmen haben wir unsere Lösungsidee bzw. Herangehensweise erläutert und ein Kostenangebot unterbreitet. Dieses wurde komplett angenommen. Damit waren wir an einer linken Uni das erste Projekt, was sich von einem Auftraggeber finanzieren ließ. Und sogar den Professor für seine Arbeit bezahlte. Also zumindest mit einem Anteil, der Großteil blieb bei uns und wurde im studentischen Projektteam aufgeteilt.

Ich kann damals übrigens nicht sagen, dass wir uns vom Auftraggeber beeinflussen ließen. Eingeschränkt haben uns Fluchtwege und Brandschutzvorschriften, aber solche Vorschriften werden ja nicht von Unternehmen gemacht. In dem Projekt haben wir übrigens hart gearbeitet, manchmal schwer geschwitzt, miteinander viel Stress ausgelebt und es hat trotzdem Spaß gemacht.

* * *

DIE LEBENSHALTUNGSKOSTEN MÜSSEN SICH NICHT ANPASSEN

Noch bevor mein Studium beendet war, hatte ich eine Stelle. Die neuen Bundesländer waren gerade gegründet und nun sollten auch die Strukturen von Jugendverbänden dort aufgebaut werden. Ich bekam die Stelle für meinen Jugendverband, ordentlich nach BAT bezahlt. Natürlich BAT 3, also bereits die Stufe für ein abgeschlossenes Studium. Ich habe argumentiert, dass ich dieses Wissen für dieses Arbeitsfeld definitiv einbringe und diese Argumentation ging auch durch. 3 Jahre war ich zwischen Dresden und Rostock unterwegs, habe spannende Zugverbindungen entdeckt, auf Isomatten geschlafen und unglaublich viele nette Menschen kennengelernt.

Es war eine tolle Zeit, mit unglaublich vielen Dienstreisen und wenig Zeit, Geld auszugeben. Außer vielleicht fürs Essen in Restaurants. Aber zum einen war dies ja alles Dienstreisen und der Osten damals noch billig.

Ich wusste, ich werde danach weiter studieren und würde danach wieder von meinem Studentengeld leben müssen. Also eine gute Idee, die Lebenshaltungskosten weiterhin auf meinem gewohnten Studentenniveau zu halten. Das habe ich dann getan. Nachdem ich dann nach drei Jahren wieder ins Studium zurückgegangen bin, hatte ich gut 30.000 DM gespart, ein schönes Polster.

Das Studium war dann auch nicht mehr lang. Im Wesentlichen musste ich noch die Diplomarbeit schreiben. Und ein paar Prüfungen ablegen. Nach zwei Semestern war ich fertig und hatte einen akademischen Titel als Dipl. Ing. Landschaftsplanerin. Wissentlich, dass ich in diesem Beruf nicht arbeiten will.

Aber das Studium war interessant gewesen, allein schon aufgrund der Projektarbeiten, die wir alle recht frei selbst wählen konnten.

Mein Finanztipp: Ein höheres Einkommen muss nicht mit höherem Lebensstandard belohnt werden. Besonders nicht mit laufenden Kosten, die beispielsweise durch ein (größeres) Auto, Abonnements oder einer großen Wohnung verursacht werden. Wenn es ein bisschen Belohnung braucht, dann gehen Sie schön essen und kaufen sich ein neues Kleid. Das sind Belohnungen, die Sie jederzeit wieder zurückfahren können.
Wenn es Ihnen hilft, überweisen Sie gleich nach dem Eingang des Gehalts einen Teil auf Ihr Vermögenskonto. Dann ist es nicht mehr verfügbar und kann gesondert angelegt oder zunächst gespart werden.

* * *

KOMMUNE ODER EIGENTUMSWOHNUNG – ODER?

Nach dem Studium stand die Frage an, wie jetzt weiter. Sehr angetan hatten mir damals die Ideen einer Kommune. Schnell fanden sich auch Menschen, die die Idee, auf dem Land einen Bauernhof zu kaufen oder in der Stadt ein großes Haus zum gemeinsamen Wohnen und Arbeiten zu nutzen, toll fanden. Allerdings blieb es immer erstaunlich schwammig, wenn es darum ging, mit den vorhandenen Leidenschaften auch Geld verdienen zu wollen. Ich wurde immer etwas nervös, wenn der eine von Schafen träumte und die andere gerne kunstvoll stricken wollte. Nicht das dies nicht alles zu interessanten Erwerbsläufen führen könnte, aber es blieb eben sehr unkonkret. Die Gruppenmitglieder wechselten immer wieder, zu wirklich konkreten Schritten fehlte uns allen der Mut.

Ziemlich zeitgleich habe ich auch darüber nachgedacht, mir eine Eigentumswohnung zu kaufen. Sozusagen als Plan B. Die Zinsen für Immobilienkredite lagen damals zwischen 6 und 8%, von daher war ein Kredit recht teuer.

Ich wusste, dass mein Vater immer auf der Suche nach Geldanlageformen war und fragte ihn, ob er mir zu günstigen Konditionen Geld leihen würde. Er verneinte und begründete dies mit seiner starken Abneigung in der Familie Geld zu verleihen. Stattdessen bot er mir an, ein Teil von meinem späteren Erbe jetzt schon geschenkt zu bekommen, er stellte 80.000 DM in Aussicht.

Mit dieser Aussicht bekam der Immobilienerwerb eine neue Dynamik. Für eine Eigentumswohnung konnte ich mich noch nicht so recht entscheiden, wahrscheinlich auch, weil ich nicht so genau wusste, ob ich an meinem Studienort bleiben oder nochmal umziehen würde. Was dann auch kurz danach so sein sollte.

Die Kommunenidee entwickelte sich auch nicht weiter, zurück blieb ein Architekt und ich. Frieder wollte gerne ein Mietshaus kaufen und mit meinem neuen Geld war das wahrscheinlicher geworden. Immer wieder bekam ich Anrufe von ihnen und sollte mir Mietshäuser anschauen. Auch mit der Option, dort später – wenn Wohnungen frei werden würden – einziehen zu können, also zumindest ein Konzept von gemeinschaftlichem Wohnen anzugehen. Ich war extrem kritisch, tief in mir hatte ich Angst vor dem Schritt, ein ganzes Mietshaus zu kaufen. Aber auch nicht die Traute, dies zuzugeben und auszusteigen. Vom Haken hat man mich natürlich auch nicht gelassen, immerhin hatte ich einen guten Batzen des Eigenkapitals beizusteuern.

Frieder suchte mit einem Makler unermüdlich und irgendwann hatte er das Objekt, bei dem alle meine Bedingungen erfüllt waren. Der Makler präsentierte uns gleich noch einen Käufer für das noch nicht ausgebaute Dachgeschoss, um so unsere Eigenkapitalquote nochmals zu erhöhen. Trotzdem war die zu finanzierende Summe immer noch ganz schön hoch und bei einigen Banken hatte ich das Gefühl, unsere Gesprächspartner suchten in der Ecke die versteckte Kamera, weil sie nicht glauben konnten, was wir da vorhatten. Denn Sicherheiten hatten wir beide keine, nur die Mieteinnahmen. Und wir sahen auch nicht gerade seriös für Banker aus, Frieder mit seinen langen Haaren und ich im Ökolook.

Letztlich war dann nur die Bank bereit, den Kauf zu finanzieren, die das Haus bisher auch finanziert hatte. Diese wollte dann aber auch für die letzten 150.000 DM noch einen Bürgen. Ich war ganz erleichtert, als ich dieses Schreiben las. „Damit ist das Projekt gestorben", dachte ich und war glücklich, draußen zu sein.

Ich hatte die Rechnung nicht mit dem Verkäufer gemacht, der verkaufen wollte, um bald auszuwandern. Er bot uns kurzerhand die Bürgschaft an. Sein Gedankengang war einfach. Er meinte, wenn er jetzt nochmal nach einem neuen Käufer suchen müsse, würde mindestens nochmal ein halbes Jahr vergehen. Außerdem wüsste er, dass sich das Haus durch die Mieteinkünfte rechnen würde und von daher hätte er keine Bedenken. Mist, ich hatte auch hier wieder nicht die Traute nun noch von meiner Seite auszusteigen und fand mich mit 28 Jahren vorm Notar wieder um ein halbes Mietshaus zu kaufen.

Mein Finanztipp: Ich würde heute keine Immobilie mehr kaufen, es sei denn, ich entdecke irgendwo ein absolutes Schnäppchen. Vor zwanzig Jahren waren Immobilien relativ billig (und sind danach auch nochmal im Preis gesunken). Heute sind sie dies meist nicht mehr.

Billige Zinsen machen zwar einen Hauskauf auch heute noch recht günstig, ich habe aber in den letzten zwanzig Jahren eine Zinsspanne zwischen fast 7% und heute einem Prozent erlebt. Wer sagt, dass dies in den nächsten zwanzig Jahren nicht wieder ähnlich schwankt? Und dann ist eine Neufinanzierung eines Kredits, der sich mit einem Prozent gut gerechnet hat, mit - sagen wir - 4% eine schwierige Angelegenheit. Trotzdem, egal welche Investition getätigt wird, ich würde im Rückblick zur Risikofreude und Wagemut raten. Egal, welches Investment für Sie gerade attraktiv ist. Auch wenn mich dies einiges an Stress gekostet hat, so hat es sich am Ende doch gelohnt.

* * *

EIGENTUM VERPFLICHTET – SCHLAFLOSE NÄCHTE

Nach dem Notartermin durchlebte ich eine anstrengende Zeit. Ich war überwältigt von der Verantwortung als Vermieterin, sah das Haus abbrennen und den Schwamm im Keller; Mieter, die nicht zahlen und vieles mehr. Und ich sollte auch einiges von diesen Horrorszenarien erleben, glücklicherweise immer in einer Form, die sich dann doch bewältigen ließ. Aber am Anfang war es wirklich nicht einfach. Ich fand meinen Weg in die Verantwortung einer Hausbesitzerin nur langsam und hatte diesen Weg auch komplett unterschätzt. Da gibt es Mieter, eine Hausverwaltung, eine Stadtverwaltung, eine Bank und alle wollen sie etwas von Einem. Sie haben alle ihre Interessen und die sind im Zweifel nicht die meinen. Da hieß es viel aushalten. Gleich am Anfang schockte mich beispielsweise folgendes Drama:

Um halb sechs morgens rief mich ein entgeisterter Mieter an. Bei ihm stehe die Wohnung unter Wasser, was er jetzt tun soll. Ich wusste es auch nicht. Was war passiert? Der Mieter wohnte in der obersten Wohnung und der Ausbau des Dachgeschosses hatte gerade begonnen. Das Dach war nicht richtig abgedeckt worden, ein morgendlicher Schauer produzierte nun diesen Wasserschaden. Im Laufe der Verhandlungen zur Schadensbeseitigung stellte sich auch noch heraus, dass die ausführende Firma zum Schadenszeitpunkt keine Versicherung hatte. Entsprechend sparsam wollte sie bei der Schadensbeseitigung vorgehen. Wir hatten viel Ärger um die Trockenlegung und verständlicherweise genervte Mieter. Und ich dazwischen mit dem nagenden Gedanken: So habe ich mir das nicht vorgestellt und was habe ich mir da noch so alles eingebrockt?

Was ich auch unterschätzt hatte, waren die fehlenden Gesprächspartnerinnen. Mit 28 unterhält man sich mit Freundinnen über Männer, Kleinkinder und den ersten Job. Nicht über Herausforderungen als Vermieterin. Da gibt es keine Anknüpfungspunkte, wenig Verständnis und schon gar keine Ratschläge. Im Gegenteil, der mögliche Neid verwandelt sich schnell in eine gewisse Häme, die sich dann erst recht nicht hilfreich anfühlt. Sprich, nach den ersten kleineren Versuchen war klar, dass ich in meinem Freundinnenkreis keine Unterstützung finden würde. An meiner Seite stand nur mein Vater und Frieder. Und die waren tatsächlich eine gute Unterstützung. Sie halfen dabei, dass sich im Laufe der Zeit wieder seelische Ruhe einstellte.

In fast 20 Jahren in der Rolle der Vermieterin habe ich da einiges dazugelernt. Wer aber sagt, eine vermietete Immobilie sei eine ruhige Geldanlage, die keine Arbeit macht, der widerspricht meinen praktischen Erfahrungen. Ob es geplatzte Rohre sind, brennende Küchen oder Feuchtigkeitsschäden im Keller, alles kam irgendwann vor. Ganz zu schweigen von den Auseinandersetzungen zwischen der Hausverwaltung und den Mietern was Nebenkostenabrechnung oder Müllplätze angeht. Nicht das sowas nur zwischen den beiden geregelt wird, gerne wird die Vermieterin zwischengeschaltet und soll irgendwas klären.

Trotz allem Ärger, zunächst haben die Mieter durch ihre Miete die Kreditkosten samt Tilgung finanziert. Ich konnte Geld sparen für Sonderumlagen und für Tilgungen. Die Finanzierung war in mehrere zeitliche Margen aufgeteilt, so dass immer wieder größere Tilgungen möglich waren. Und bei jeder neuen Finanzierungsrunde wurden die Kredite günstiger, weil die Zinsen im Laufe der letzten 20 Jahre immer weiter runtergegangen sind. Dadurch stieg natürlich der Mietanteil, den ich behalten konnte. So wurden meine Möglichkeiten für Rücklagen immer besser.

Mein Finanztipp: *Rechnen Sie mit keiner stressfreien Geldanlage. Wahrscheinlich gibt es die nicht, oder wenn nur mit einer minimalen Rendite.*

* * *

MEINE STEUER MACHE ICH SELBER

Sparsam, wie ich immer unterwegs war, war es mir nicht ersichtlich, für einen Steuerberater Geld auszugeben. Die steuerlichen Fragen, die ich hatte, haben mir immer sehr gut Freunde erklärt. Eine ältere Kollegin führte mich in die Grundzüge der Steuern ein, mit ihr machte ich die ersten Jahre meine Einkommenssteuererklärungen. Zum Zeitpunkt des Hauskaufs war ich so firm in meinen Steuererklärungen, dass ich auch die neuen Formulare zur Vermietung durchaus bewältigbar fand.

Mein erster Steuerbescheid nach dem Hauskauf erreichte mich, als ich um Mitternacht leicht angetrunken nachhause kam. Ich war neugierig und machte ihn auf. Und war schlagartig nüchtern. Ich sollte knapp 40.000,- DM Steuern zahlen. Mein erster Gedanke war, dass ich entweder steuerlich beim Hauskauf wichtige Regelungen übersehen hatte oder dass hier ein Fehler vorliegen musste. Letztere hatte ich schnell gefunden. Ich hatte meinen Kapitalertrag mit Komma und zwei Nullen für die Cent angegeben. (Damals gab es noch kein Elster). Das Finanzamt hatte dies übersehen und aus 1.470,- nun einfach 147.000,- zu versteuernde Kapitalerträge gemacht.

Ich war froh, dass der Kauf der Immobilien weiterhin ein Steuersparmodell blieb, hatte aber etwa ein halbes Jahr damit zu tun, dem Finanzamt deutlich zu machen, dass es sich um einen Fehler handelt und man mir keine vorab ausgefüllten, absurd hohen, Überweisungsträger schicken solle, inklusive Mahngebühren und Vorauszahlungen für die Zukunft.

Grundsätzlich hatte und habe ich nie ein wirklich negatives Verhältnis zu meiner Steuer entwickelt. Abgesehen von der oben beschriebenen Panne, habe ich – solange ich angestellt war – immer Geld vom Finanzamt erstattet bekommen. Das war Anreiz genug, die Steuererklärung möglichst früh einzureichen. Als Freiberuflerin ist dies nicht immer so schön, aber ich mache mich immer gerne schlau, wie meine Steuererklärung möglichst optimal aussehen kann. Verbunden mit dem Gedanken, dass Steuern schon okay sind, weil sie mein Beitrag zur Gemeinschaft sind.

Mein Finanztipp: Machen Sie sich in Steuerfragen kundig. Selbst wenn Sie eine Steuerberaterin zur Rate ziehen, entbindet dies Sie nicht von der Pflicht mitzudenken. Steuergünstige Geldanlagen sollten sich auch immer so rechnen. Immerhin kann sich Ihre Steuerlast in den nächsten Jahren verändern und dann sind sogenannte Steuersparmodelle möglicherweise plötzlich sehr teuer. Für mich kommen Steuerersparnisse bei Geldanlagen immer on top.

* * *

ZEIT IST WICHTIGER ALS GELD

Mein Einstieg ins Berufsleben war verhalten. Ich hatte definitiv keine Lust, irgendwo 40 Stunden zu arbeiten. Entsprechend lustlos habe ich Bewerbungen verschickt. Während dieser Stellensuche habe ich mich mit einer ABM Stelle finanziert. Bei einem Verein, bei dem ich sehr frei agieren konnte. Um nicht zu sagen, die ABM Stelle dort habe ich selbst beantragt und damit auch festgelegt, wie meine Arbeitsbereiche aussehen sollen. Freiheit und Selbstbestimmung waren und sind mir wichtig. Nebenbei habe ich aus Leidenschaft als Trainerin gearbeitet, in keiner Weise aus Not sondern aus Lust. Außerdem hatte ich die Idee, eine politische Laufbahn einzuschlagen. So richtig überzeugt hat mich aber alles nicht.

In einer Führungskräftefortbildung, an der ich über meinen damaligen Verein teilnehmen durfte, habe ich zum ersten Mal gelernt, meine Werte zu erkennen und zu beschreiben. Dabei kam für mich raus, dass Zeit ein wesentlicher Wert ist. Was wiederum nicht ganz korrekt ist, weil wir ja alle genauso viel Zeit zur Verfügung haben. Dahinter stand der Wert Selbstbestimmung. Also selbst zu entscheiden, wie und für was ich meine Zeit einsetze. Und auf die mir notwendige Balance zwischen meinen unterschiedlichen Fähigkeiten und Leidenschaften achten zu können.

An diesen Maßstäben habe ich dann meine Stellensuche ausgerichtet. Für eine Selbständigkeit konnte ich mich langfristig noch nicht entscheiden. Ich habe zwar während der Stellensuche immer wieder freiberufliche Tätigkeiten wahrgenommen, aber so richtig glücklich war ich damals damit noch nicht. Hier stand mir noch der elterlich übernommene Wert „Sicherheit" im Weg.

Der Zufall oder die laufenden Netzwerkkontakte brachten mir dann die passende Stelle. Das Unternehmen, welches mich schon im Studium kennengelernt hatte, baute eine neue Nachhaltigkeitsabteilung auf. Zunächst war dies eine kleine Abteilung, neben mir gab es einen Sachbearbeiter und eine wunderbare Assistentin. Und eben ich als Abteilungsleiterin. Gut war, dass es am Anfang noch wenig Aufgaben gab und ich dementsprechend dem Unternehmen entgegenkam, indem ich eine Teilzeitlösung mit 25 Stunden vorschlug.
Die restliche Zeit konnte ich gut als Trainerin und mit dem Schreiben von Büchern verwenden, die Mischung war perfekt für mich und so habe ich einige Jahre gearbeitet.

Meine Fixkosten für mein Leben waren danach ausgerichtet, dass sie mit dem festen Gehalt aus meiner Stelle gedeckt werden konnten. Ich habe weiterhin in einer kleinen Wohnung gewohnt, kein Auto angeschafft und auch sonst darauf geachtet, mir nur sehr ausgewählt neue Dinge zu leisten. Das war insofern einfach, als das es damals noch nicht viele Produkte gab, die meinen Ansprüchen an Umweltschutz und Nachhaltigkeit gerecht wurden. Ich habe mir nicht oft neue Kleidung gekauft, einfach weil ich um die problematischen Produktionsbedingungen wusste. Ich habe wenig Fleisch gegessen, allerdings war der sonstige Biolebensmitteleinkauf teuer. Ein Luxus, der mir wichtig war. (Wenn auch mit inneren Bauchschmerzen, wenn ich an der Kasse stand).

Technik und andere neuartige Produkte hatten es bei mir schwer, wenn man sich nur ein bisschen zu den Produktionsbedingungen umschaut, hat man bei vielen Produkten keine Lust mehr.

Alle anderen Einnahmen wurden wahlweise gespart oder für ausgewählte Einkäufe ausgegeben.

Als die Abteilung größer wurde, habe ich bei Modellveränderungen immer darauf geachtet meine neue Stelle so zu gestalten, dass freie Zeit für mich übrig blieb. Zeit war wichtiger, als Geld. Und auf dieser Basis konnte ich dann noch einige Jahre gut angestellt arbeiten.

Inzwischen war auch mein erstes Buch erschienen und ein erster Strom an passiven Einkünften entstand.

Mein Tipp: Eine Mischung aus einer Teilzeitstelle und freiberuflicher Arbeit bzw. einem kleinen Gewerbe kann großen Sinn machen. Wenn die Teilzeitstelle zeitlich überwiegt, dann fallen die Sozialabgaben (Krankenkasse, Rente etc.) für die Stelle an und müssen für die sonstige Tätigkeit nicht mehr entrichtet werden. Gerade am Anfang der Freiberuflichkeit können dagegen Kosten, die dort anfallen und möglicherweise die Einnahmen übersteigen, steuerlich auch mit dem eigene Gehalt verrechnet werden. Dies geht allerdings nur in der Startphase, das Finanzamt akzeptiert diese Form der Verrechnung nur einige Jahre.

Mit einem festen Einkommen lässt sich in der Selbständigkeit auch besser experimentieren. Der Druck ist nicht so groß, mit allen ersten Schritten gleich Geld verdienen zu müssen. Fehler, die kein Geld in die Kasse bringen oder sogar erst mal Kosten verursachen, machen nicht so nervös und sind erst mal nicht existenziell bedrohlich.

* * *

SPARBRÖTCHEN E.V.

Geld sparen machte mir weiterhin Spaß. Entsprechend muss ich auch geste-
hen, dass die im vorherigen Kapitel beschriebenen Bioladeneinkäufe immer in
einem gewissen inneren Dilemma stattfanden. Ich wusste, dass dies meinen
Nachhaltigkeitswerten voll entsprach. Aber mein inneres Sparbrötchen empfand die Ausgaben als schiere Geldverschwendung. Entsprechend habe ich
nicht immer im Bioladen eingekauft, sondern mich auch gefreut, wenn ich
irgendwo an günstige Lebensmittel kam.

Die Suche nach günstigen Lösungen, ob bei Reisen, beim Einkauf, bei
Telefontarifen oder Versicherungen wurde zum kleinen Hobby. Einige wenige
Freunde waren auch so unterwegs, wir konnten uns gut austauschen und
freuen, wenn wir günstige Lösungen entdeckt hatten. Dabei ging es zumindest
mir nicht auf Teufel komm raus um die billigste Lösung. Sondern eher um
kritisches Schauen, wie das Preis-Leistungs-Verhältnis tatsächlich aussieht
und welches für mich die beste Lösung ist. Der restliche Freundeskreis, der
dies eher amüsiert beobachtete, schuf dann aus Spaß einen Verein für uns:
Sparbrötchen e.V.

Natürlich nur zum Spaß, eingetragen als Verein wurde er nie. Aber es blieb
über Jahre ein beflügeltes Wort, manchmal genutzt als Anerkennung, manchmal auch als Beschimpfung oder auch als Erinnerung, dass es sich im Leben
nicht nur ums Sparen drehen kann.

Was übrigens auch sehr viel Geld gespart hat, ist das Nachdenken. Nachdenken
darüber ob ich etwas wirklich brauche. Manchmal verschwindet der vermeint-
liche Wunsch schon nach wenigen Tagen, manchmal gab es eine günstigere
Lösung, manchmal hatte jemand besagtes Objekt noch übrig und sehr oft kam
ich zum Ergebnis, das mich der Besitz wahrscheinlich eher belasten, als er-
freuen würde. Manchmal wurden Wünsche in der Phase des Nachdenkens
auch einfach langweilig und uninteressant.

Als eine Freundin bei mir Bücher aus der Bücherei liegen sah, lachte diese und
fand dies sehr altmodisch. Ich finde dies bis heute nicht. Ich nutze die
Bücherei, leihe mir Bücher und seit einigen Jahren besonders gern Hörbücher
aus. Wenn ich dann doch selber mal ein Buch kaufe und weiß, dass ich es nur
einmal lesen werde, verkaufe ich es gleich wieder im Internet. Dies klappt
übrigens besonders gut für ganz neue Werke.

Viel Geld spare ich bei Reisen. Der Nachteil: Ich muss mich recht frühzeitig auf
einen Flug oder eine Bahnfahrt festlegen. Der Vorteil: Ich spare viel Geld. So-

viel, dass es in meinen Augen dann zwar ärgerlich, aber nicht superschlimm ist, wenn ich mal aus irgendeinem Grund eine Reise nicht antreten kann.

Großen Spaß hat mir auch immer die Eigenproduktion von Dingen bereitet, ob dies der selbstgestrickte Pulli, die selbstgekochte Marmelade oder der eigene Salat im Garten waren. Als Kinder haben wir dies gerne auf die Spitze getrieben und sind als „Sperrmüllrocker" im Dorf unterwegs gewesen. Es gab damals noch feste Sperrmülltermine für das ganze Dorf. Entsprechend standen abends die Straßen voll. Unser Nachbar zog dann mit seinem Auto und mindestens vier bis fünf danebenlaufenden Kindern langsam von Halde zu Halde, auf der Suche nach spannenden und brauchbaren Dingen.

Mein Finanztipp: Entwickeln Sie Freude und Leidenschaft für´s Sparen – dann kommen die passenden Ideen von ganz alleine. Und überschlagen Sie gerne, wie lange Sie für ein neues Produkt und dessen Unterhaltung wohl arbeiten müssen und ob Sie diese Lebenszeit tatsächlich für diesen „Traum" aufbringen wollen.

* * *

OHNE FEHLER GEHT ES NICHT

Natürlich lief nicht alles glatt auf dem Weg zum Vermögensaufbau. Im Gegenteil, da waren auch viele interessante Fehlgriffe dabei.

Bei meiner Immobilie hatte ich beispielsweise mit einer Mietnomadin zu tun. Sie hatte einen guten Eindruck gemacht und ich war damals noch etwas blauäugig und habe mich, was die Fakten in Sachen Sicherheiten angeht, blenden lassen. Vereinbart waren zwei mietfreie Monate für die Renovierung. Leider kam nach diesen zwei Monaten auch keine Miete. Und die Dame saß munter in meiner Wohnung. Bis ich sie per Räumung raus hatte, war ein Jahr vergangen. In diesem Jahr musste ich mir viele Versprechungen anhören. Täglich habe ich mein Mietkonto angeschaut und täglich gehadert, welche Schritt ich wann einschlagen sollte. Ohne Rechtsanwalt und Räumungsklage ging es letztlich leider nicht. Kurios wurde es am Wochenende vor der Räumung. Ich war mit einer Freundin auf Rügen. Und am Strand klingelte regelmässig das Telefon. Die Mutter der Mieterin rief an und bot mir monatlich 50,- € an, wenn ich ihre Tochter und ihr Enkelkind nicht räumen würde. Der geschiedene Mann rief an und konnte es kaum ertragen, dass sein Kind ab morgen obdachlos werden würde. Plötzlich traten sie alle auf den Plan und ich fand mich in der schwierigen Rolle der Vermieterin wieder. Ich wollte nun auch nicht herzlos sein, aber ich war auch ärgerlich über den massiven Mietverlust und die nicht unerheblichen Kosten, die ich mit der Räumung hatte. Ich wusste, dass ich handeln muss! Letztlich wurde sie nicht geräumt, sondern zog drei Tage später freiwillig aus. Von den Kosten habe ich nie wieder was gesehen. Außer ein paar Monate lang 50 € von der Mutter.

Bei diesem Vorgang habe ich aber viel gelernt. Anfangs habe ich mich sehr über die Mieterin aufgeregt. Jeden Tag auf mein Konto geguckt, in der Hoffnung, dass die Miete da sein würde und mit der Erfahrung jeden Tag enttäuscht zu werden. Über Tage war ich schlecht gelaunt! Im Laufe der Zeit ist mir dann aufgegangen, dass ich mich über einen Menschen ärgere, es aber eigentlich nur um eine Geldanlage geht. Und wenn dieser Mensch keine Miete zahlt, sich meine Rendite schmälert, die fehlenden Mieteinnahmen aber nichts mit meinem Lebensstandard zu tun haben. Ich entsprechend diesen Ausfall auch nicht persönlich nehmen muss.

Der Weg dahin war natürlich nicht einfach, im Gegenteil, er hat mich viele schlaflose Nächte, negative Gefühle und unangenehme Gespräche gekostet. Im Rückblick war es aber eine gute Lernerfahrung. Inklusive der Erfahrung, dass ein Ausfall mit wirklichen Menschen schwerer zu ertragen ist, als eine Insolvenz einer Firma. Von letzteren hatte ich auch einige erlebt. Ob nachrangige Darlehen, bei denen die Firma dann doch pleite ging oder auch Fonds, die mir Bankberater aufgeschwätzt hatten und die sich innerhalb kürzester Zeit verkleinerten. All diese Verluste waren auch ärgerlich, aber sie haben sich für mich nicht so dramatisch angefühlt, wie der Umgang mit einem Menschen, der einen direkt und unmittelbar betrügt.

Die Telekom-Aktie sollte dann mein Einstieg in den Aktienmarkt sein. In dieser Hinsicht reihe ich mich ein in die Reihe vieler, die mit dieser Aktie schönes Geld verloren haben. Ich habe sie immer noch, es ist also bisher nur ein Buchverlust. Aber ob diese Aktie jemals die 60 € wieder erreichen wird, die ich damals bezahlt habe? Ich glaube es nicht. Glücklicherweise hatte ich damals nur 10 Aktien gekauft, der Verlust hielt sich entsprechend in Grenzen. Nach der Telekom Erfahrung war ich erstmal bedient, was den Aktienmarkt anging.

Lebensversicherungen habe ich natürlich auch nicht ausgelassen, ich war über eine ganze Strecke meines Lebens recht blauäugig. Insbesondere, wenn diese Finanzberater eher als „Freunde" daherkamen. Inzwischen habe ich mehr verstanden, wie das Prinzip von Versicherungen und Fonds funktioniert und warum vermeintlich offene Berater eigentlich nur Verkäufer sind, die genau ihre Produkte verkaufen wollen. Grundsätzlich finde ich es übrigens nicht schlimm das Menschen für ihre Beratungsarbeit Geld bekommen. Nur diese Form des verschleierten Bezahlens ärgert mich. Gerade dann, wenn man dies überhaupt nicht überblickt. Und die „offene" Beratung natürlich längst nicht so offen ist, wenn ein Berater oder eine Beraterin bei einem Produkt 1.000 € Provision einsteckt und beim anderen vielleicht nur 40 €.

Besonders dreist fand ich einen vermeintlichen Depotwechsel bei einer fusionierten Bank. Ich wurde angerufen, dass das Depot (mit zwei abgestürzten Fonds) gewechselt werden müsste. Ich dachte, dies ist in 10 Minuten erledigt und habe mich auf einen Termin zur Unterschrift eingelassen. Weit gefehlt. Die Beraterin machte daraus ein Beratungsgespräch mit dem Hintergedanken, sie können mir reichlich Fonds verkaufen. Ich hatte Eile und habe sie immer wieder gedrängt, den Depotumzug voranzutreiben und mich nicht mit anderen Informationen aufzuhalten. Dabei machte ich auch meine „Strategie" deutlich. „Ich lege mein Geld auf meinem Tagesgeldkonto an und wenn genug da ist, kaufe ich wieder eine Wohnung." Stimmte zwar nicht mehr so ganz, musste ich aber doch ihr nicht erklären. Die Dame blieb hartnäckig, wollte gleich einen neuen Termin machen und als ich mich darauf nicht einließ, rief sie noch mehrmals an, bis ich ihr den Kontakt verbat und das neue Depot dann auch schnell aufgelöst habe.

Was ich daraus für mich gelernt habe? Ich lass mich nicht mehr beraten. Um nicht zu sagen, ich bin ausgesprochen misstrauisch. Bei Bekannten, die im Finanzbereich tätig sind, teste ich gleich, welches Interesse sie an mir haben. Ich mache schnell unmißverständlich deutlich, dass ich keine Geschäfte mit ihnen tätigen will. Einige ziehen sich dann erstaunlich schnell zurück. Das ist auch okay. Informationen von Verkäufern brauch ich nicht, ich weiß nicht, was ich damit soll. Da mache ich mich lieber im Internet schlau, lese Bücher oder buche auch mal eine Beratungsstunde bei einem Honorarfinanzberater.

Mein Finanztipp: *Ja, Sie werden Fehler machen. Das ist okay. Wann immer Sie Bücher von großen Anlageprofies lesen, alle haben Fehler gemacht. (Deshalb habe ich meine auch nicht verschwiegen...) Lernen Sie aus diesen Fehlern, Ihren eigenen und manchmal vielleicht auch von den Fehlern anderer.*

Hinterfragen Sie Tipps und besonders Angebote von Anlageberatern. Verstehen Sie das Produkt? Was sind die Risiken? Macht die Anlagestrategie für Sie Sinn? Wie teuer sind die Kosten für das Produkt und was verdient Ihr Berater an der Vermittlung? Wenn Sie alles wissen, verstehen und für sich sinnig bewerten, dann können Sie natürlich auch mit Hilfe eines Anlageberaters Geld anlegen. Aber nur dann.

* * *

IMMOBILIEN GEHEN GUT – EIN EIGENES HAUS MUSS HER

Aus den vielen Fehlern und Verlusten habe ich im Wesentlichen viel Verunsicherung mitgenommen. Mein Mietshaus lief dagegen inzwischen relativ stabil. Da lag es nahe weitere Ersparnisse eher in Immobilien zu stecken, als in neue andere Geldanlagen. Nachdem ich für meinen Job in eine andere Stadt umgezogen war und es klar war, dass ich hier wohl bleiben werde, habe ich mich also auf die Suche nach einer Eigentumswohnung gemacht. Ich habe lange geschaut, einige Jahre.

Und hatte auch schon eine Eigentumswohnung im Blick, bzw. reserviert. Dann hat der Vermittler Mist gebaut und ich musste meine Anzahlung einklagen. Wenn dies auch ein bisschen anstrengend war, so habe ich mit einer befreundeten Anwältin dies doch ganz gut hinbekommen, inklusive einem anständigen Zinssatz für die Ratenzahlungen, die dieser Vermittler mangels Liquidität wählen musste. Auch eine Anlageform.

Mittlerweile waren in meinem Freundeskreis Dachgeschosswohnungen in. Natürlich wurde auch ich immer wieder angesprochen, ich fand die Angebote aber im Preis-Leistungs-Verhältnis zu teuer. Als ich dann bei einem Umzug im heißen Sommer 2003 geholfen habe, stand ich in der Hitze auf einer Dachterrasse. Um mich rum nur andere Dächer. Da durchfuhr es mich und ich wusste: Ich brauche einen Garten!

Also habe ich Immobilienscout neu programmiert und nicht mehr Eigentumswohnungen sondern Häuser unter 150.000 € gesucht. Es gab nicht viele, eigentlich kam nur ein Objekt in Frage. Ein kleines Reihenhaus, in einer Gegend, in der ich vorher noch nie war. Alle anderen lagen mir zu weit draußen. Ich hätte für diese Objekte ein Auto anschaffen müssen und habe diese zusätzlichen Kosten von etwa 200 bis 300 € Minimum für ein Fahrzeug in die Berechnung gleich mit einbezogen. Besagtes Reihenhaus lag in der Nähe einer Bahnstation, also optimal um auch schnell in die Innenstadt oder zu anderen Orten zu kommen.

In den darauffolgenden Tagen habe ich mehrere Radtouren dorthin gemacht, mir das Haus angeschaut und mit einer Architektin kalkuliert, wie teuer der Ausbau werden würde. Es war ein Haus aus den 1920er Jahren, durchaus sanierungsbedürftig. So kamen zum Kaufpreis, den ich auf 147.000 € herunterhandeln konnte, noch geschätzte 30.000 € für die Sanierung hinzu.

Um einen Kredit aufnehmen zu können, der sich in den Kosten ungefähr an meiner bisherigen Mietzahlung orientierte, musste ich eine Wohnung aus meinem Mietshaus verkaufen. Nur so war ausreichend Eigenkapital vorhanden. Leider gestaltete sich dieser Verkauf recht schwierig. Der Makler wollte die Wohnung für 95.000 € verkaufen. Ich fand seine Begründung: „Die Preise müssen jetzt einfach mal anziehen", eher witzig und kalkulierte für mich 85.000 € ein. Und so kam es dann auch, für diesen Preis fand sich dann – kurz vor Ende des Maklervertrags - endlich ein Käufer. Zum Zeitpunkt der notariellen Beurkundung des Verkaufs waren die Handwerker schon im neuen Reihenhaus. Mein Notfallplan bestand in der Wiedervermietung der Wohnung und der Option, im Haus das Dachgeschoss zunächst nicht auszubauen. Die Handwerker wollte aber gerne mit dem Dach anfangen, mein erster Anruf nach dem Notartermin galt also meinem Oberhandwerker, dem ich freudig mitteilen konnte: „Ihr könnt hoch ins Dach".

Mit dem erfolgreichen Wohnungsverkauf hatte ich auch genug Puffergeld und dieses sollte sich als sehr wertvoll herausstellen. Denn der Ausbau wurde fast doppelt so teuer, wie zunächst von der Architektin geschätzt. Keine Ahnung, in welche Listen sie bei der Schätzung geschaut hatte, die konkreten Angebote waren leider alle teurer. Natürlich hat mich das geärgert, ändern ließ es sich aber nicht. Und mit der zusätzlichen Liquidität war es auch kein echtes Problem. Im April 2004 konnte ich in mein kleines Häuschen einziehen. Mit 585 € Bankbelastung war es in einem Rahmen, bei dem ich gut sagen konnte, es wird mich finanziell nicht mehr fordern, als es eine Mietswohnung auch tut.

Mein Finanztipp: *Die eigene Immobilie ist eine Investition, die sich wahrscheinlich nie so gut rechnen wird, wie beispielsweise Aktien oder eine vermietete Immobilie. Aber sie bietet einen hohen Identifikationswert, Sicherheit und für mich viel Lebensqualität. Besonders das Sicherheitsbedürfnis wird bei einer selbstgenutzten Immobilie bei steigenden Preisen und Wohnungsknappheit sehr stark bedient. Wenn Mieten steigen, hat man selber weiterhin die Immobilie zu hoffentlich gleichbleibenden Konditionen. Und man ist keinem Vermieter ausgeliefert, der einem mit Mieterhöhungen, Modernisierungen oder Eigenbedarfsklagen das Leben schwer machen kann.*

Wenn Sie eine Immobilie erwerben wollen, achten Sie darauf, dass Sie bei niedrigen Zinsen relativ hoch tilgen können und das Sie so in einer höheren Zinsphase der (Folge-) Kredit nicht überlasten wird. Die Gesamtbelastung sollte in jeder Zinsphase nicht wesentlich höher als Ihre bisherige Miete sein.
Konkret heißt dies für unsere heutige Situation mit etwa 5% Gesamtbelastung bei der Kreditfinanzierung zu rechnen. Aktuell sind dies etwa 2% Zinsen und 3% Tilgung. Sollten die Zinsen in 10 Jahren bei 4% stehen, dann können sie immer noch 1% tilgen und die Gesamtbelastung bleibt gleich. Sie können natürlich noch mehr auf Nummer sicher gehen und mit einer noch höheren Gesamtbelastung rechnen. Denn keiner kennt die Zinsentwicklung in der Zukunft.

Im Anhang des Buches habe ich noch einige Überlegungen zum Immobilienkauf als Tipps angefügt.

* * *

GELD SAMMELT SICH WIEDER AN – WIE NUN ANLEGEN?

Ich hatte nun also ein eigenes Haus mit moderaten Belastungen. Fast zeitgleich hatte mir mein Arbeitgeber eine neue Position angeboten, die mit einer Einkommenssteigerung verbunden war. Mein besonderer Luxus: Ich konnte auch in dieser Position durchsetzen, wahlweise Montags oder Freitags nicht zu arbeiten. So hatte ich Zeit, andere Dinge zu tun. In dieser Phase waren es Dinge, die ich gern tun wollte. Ich empfand mich als wirtschaftlich etabliert, nun standen Museen und Konzerte in meinem Terminkalender. Und ganz wichtig die Pflege von Freundschaften.

Mein Geld sammelte sich in dieser Zeit gut an. Eine relativ niedrige Hausbelastung, kein Auto und keine Kinder führten bei mir zu geringen Fixkosten. Und bei den variablen Kosten war ich weiterhin sparsam. Zwischen 40 und 60% meines Gehaltes waren am Ende des Monats übrig und wurden dann auch immer gleich auf ein Tagesgeldkonto geschoben. Gefühlsmässig empfand ich es als Niederlage, wenn ich doch mal Geld von diesem Konto anfassen musste. Allerdings war die Anlageform Tagesgeld nun auch nicht der letzte Schrei. Aber ich hatte auch noch keine andere Lösung.

Ende 2008 habe ich mich wieder an den Aktienmarkt getraut. Damals war die Zeit zum Einstieg günstig, da viele Aktien gefallen waren. Die Änderung zur Besteuerung von Aktiengewinnen stand an. Mein Vater empfahl mir damals also sehr eindringlich Aktien entweder jetzt zu kaufen oder es lange nicht zu tun. Ich also mutig einige Aktien gekauft. Tipps hat mir mein Vater gegeben und ich habe ein paar Hefte „Der Aktionär" gelesen und mir dort einige Empfehlungen rausgeholt.

Diesmal lief das besser. Einige Aktien liefen richtig gut und ich habe diesmal auch bewusster draufgeschaut. Mit Aixtron habe ich gut Geld verdient und dann auch genau beobachtet, wann die Aktien wieder anfing zu fallen. Grob habe ich die Aktie für 6,- € gekauft, sie stieg bis auf 33,- €, dann fiel sie und bei 29,- € habe ich sie wieder verkauft. Ich war richtig stolz.

Mehr Schwierigkeiten hatte ich bei den Solarwerten. Gerade weil ich dieser Technologie so verbunden bin, wollte ich es nicht wahrhaben, dass diese

Werte, zumindest die Firmen in Deutschland, einen heftigen Kursverlust hinlegten. Ich habe viel zu lang gewartet, bis ich beispielsweise meine SMA Aktien verkauft habe. Immerhin habe ich es noch geschafft, wenn auch mit einem knappen vierstelligen Verlust. Bei Solarworld war ich auch optimistisch und habe sie gehalten. Als dann doch die Botschaften von einigen Analysten bei mir ankamen, dass ich dringend verkaufen soll, ja da waren meine Aktien nur noch 100,- € wert und ich dachte, jetzt ist es auch egal, jetzt kann ich sie auch behalten. Inzwischen sieht das wieder ein bisschen anders aus, aber Solarwerte starten heute von einem niedrigen Niveau.

Für alle Aktien habe ich eine Excel-tabelle gebaut, ich wollte und will immer sehr genau sehen, ob das Geschäft mit Aktien am Ende des Tages tatsächlich Gewinne generiert oder eben nicht. Also auch wenn ich Trading-gebühren und bei Gewinnen die Kapitalertragssteuer abziehe. Das habe ich von Anfang an so gemacht und die Ergebnisse haben mich ermutigt, weiterzumachen. Auch wenn mich am Anfang Verluste sehr nervös gemacht haben und ich natürlich nicht den Schneid hatte, fallende Aktien mit Verlust zu verkaufen. In meinem Depot liegen auch heute noch ein paar Leichen, ich tröste mich damit, dass ich diese Verluste dann halt kompensiere, wenn ich mit anderen Aktien Gewinne realisiere. Dann wird wenigstens die Steuer geringer. Aber ich weiß, dass ist kein professionelles Vorgehen, sondern ein Retten aus der Not.

Mein Finanztipp: Aktien sind nichts Böses. Und es ist auch nicht undurchschaubar. Im Gegenteil, meistens verdient man Geld damit. Allerdings braucht es Interesse und Zeit, um sich schlau zu machen. Ja und auch ein bisschen Mut und die bereits erwähnte Bereitschaft auch mal Fehler zu machen. Diese Bereitschaft ist übrigens in meinen Augen am schwierigsten, wenn es darum geht eine verlustreiche Aktie tatsächlich zu verkaufen.

* * *

EXCEL – MEIN GEDANKLICHES BAD IM GOLD

Dagobert badet ja bekanntlich in seinem Geldspeicher in echten Geldstücken. Ein Geldcoach hat mich mal gefragt, wie ich Geld in meinem Kopf repräsentiere. Also wie ich für mich deutlich mache, dass ich Geld habe oder eben auch nicht. Ich habe im Gespräch mit ihm dazu gelernt, dass viele Menschen eine leere Geldbörse sehen, das Minus auf dem Kontoauszug oder eben im immerhin positiven Sinn ein paar Münzen in der Geldbörse oder auf dem Tisch.
Diese Bilder hatte ich alle nicht, auch nicht den Wunsch, mal meine Badewanne mit Geldstücken zu füllen, um darin baden zu können.

Ich wusste dann aber auch schnell, wie ich Geld und Vermögensaufbau für mich abbilde. Ich führe nicht nur eine Excel-tabelle für meine Aktiengewinne, sondern auch eine geradezu historische Excel-Liste, in der ich, seit ich 30 bin, so alle paar Monate einen Kassensturz für mich dokumentiert habe. Und mich jedes Mal darüber freuen konnte, wenn die gesparte Summe wieder ein Stückchen weiter gewachsen war.

Mein Finanztipp: *Wie repräsentieren Sie Geld? Wie fühlt sich Reichtum an? Was genau sehen Sie, wenn Sie finanzielle Freiheit erreicht haben? Welche Bilder sind für Sie positiv und motivierend und welche ziehen Sie eher runter oder machen Ihnen Angst? Wenn Sie dies rausgefunden haben, konzentrieren Sie sich bewusst auf motivierende Bilder und Gedanken.*

* * *

EIN AUTOUNFALL UND DER KONTAKT MIT DER ENDLICHKEIT

Am 15. Januar 2009 änderte sich mein Leben grundlegend. Ich war mit einem Bekannten in seinem Auto unterwegs und wir hatten einen Autounfall. Mein Bekannter überlebte den Unfall nicht. Ich blieb mit inneren Verletzungen, einigen Knochenbrüchen und vielen Prellungen einige Wochen im Krankenhaus. Auch wenn ich nicht am Steuer gesessen hatte, so musste ich doch lernen, mit meinen Schuldgefühlen umzugehen. Mit den Schuldgefühlen, dass er tot war und ich weiterleben durfte, weiterleben musste. Diese haben mich zunächst in ein tiefes Tal der Trauer geführt. Nach dieser Zeit war mir das eigentliche Leben bewusster. Es kam mir plötzlich viel wertvoller vor. Trotz oder gerade wegen der Schuldgefühle: Ich war so dankbar, dass ich leben durfte.

Nach dem Krankenhausaufenthalt stand eine Reha an. Neben Therapien, um mich wieder halbwegs zu mobilisieren, blieb mir viel Zeit zum Nachdenken. Ich ließ mein Leben Revue passieren und stellte schnell meinen Job in Frage. War es wirklich das, was ich bis zum Ende meines Arbeitslebens, immerhin mehr als 25 Jahre noch machen wollte?

Mir war schnell klar, dass es dies nicht sein sollte.

Nun stand aber die Frage an, was stattdessen? Eine andere Stelle? Ich konnte mich nicht festlegen. Ich war als Abteilungsleiterin und im Projektmanagement gut. Aber irgendwie langweilte mich alles ein bisschen. Bis zu meinem Unfall und auch in der Reha, tat mir Yoga sehr gut und dies war eines der wenigen Momente, in denen ich gut zur Ruhe kam. Nur war mir klar, dass ich mit Yoga-unterricht nie auch nur in Ansätzen an das Gehalt kommen würde, was ich als Abteilungsleiterin verdiente. Nach dem Unfall war ich mutiger.

Mein Gedankengang orientierte sich eher an Endlichkeit, an dem Gefühl, das Leben könne auch bald vorbei sein. Damit kamen die Dinge, die ich wirklich machen wollte, mehr in den Vordergrund. Plötzlich konnte ich mir viel besser vorstellen, eine Ausbildung zur Yogalehrerin abzuschliessen – einige Module hatte ich in den Jahren davor schon gemacht. Plötzlich konnte ich besser mit dem Gedanken umgehen, dass ich vielleicht nicht so viel verdienen würde, wie in meinem bisherigen Job. Es war plötzlich wichtiger, die Dinge zu tun, die ich wirklich tun wollte.

In den freien Zeiten in der Reha habe ich an meiner Zukunft gebastelt. Wie könnte eine selbständige Tätigkeit aussehen? Wie könnte ich mein Wissen und Können im Bereich des Projektmanagements und meine neue Tätigkeit als Yogalehrerin kombinieren? Für einen reinen Start in ein neues Leben als vollberufliche Yogalehrerin fehlte mir der Mut. Es war klar, es müsste eine Kombi aus gutbezahlten Tätigkeiten im Bereich der Nachhaltigkeitsberatung und des Projektmanagements sein, kombiniert mit abendlichen Yogastunden. Außerdem wollte ich mich mehr dem Schreiben widmen. Ich hatte ja schon nebenbei Bücher verfasst, in der Reha hatte ich wieder viel Zeit zu schreiben. Im Geschriebenen klärt sich für mich viel, es war mir klar, dass diese Tätigkeit auch in meinem neuen Leben eine Rolle spielen soll.

Kein Tipp: *Ich wünsche Ihnen, dass Sie diese Erfahrungen nicht machen müssen. Wenn es doch der Fall sein sollte, wünsche ich Ihnen, dass Sie durch das tiefe Tal der Trauer gut durchkommen und sich neue gute Gedanken einstellen.*

Im Rückblick kann ich sagen, dass schwierige Situationen Stärke ins Leben bringen und die Energie für Veränderungen aufbringen können. Dennoch ist dies kein Plädoyer für schwierige Situationen, ich hätte sie mir gut sparen können.

* * *

SELBSTÄNDIG ARBEITEN HEIßT DAS EIGENE SICHERHEITS-BEDÜRFNIS HERAUSFORDERN

Wieder zuhause feierte ich erstmal meinen 42sten Geburtstag. Der Gedanke, mich selbständig zu machen, blieb in meinem Kopf, wenn sich auch viele kritischen Stimmen in meinem Kopf meldeten. Ich durfte nochmal viel mit dem erlernten Sicherheitsbedürfnis von meinen Eltern in Kontakt treten. Wir schreiben das Jahr 2009, ich stand gedanklich vor meiner Kündigung und baute Excel-tabellen, die mir finanzielle Absicherung bis mindestens 2013 verschafften. Ein selbständiger und erfolgreicher Freund lachte schallend und meinte, er sei froh, wenn er die Einnahmen für den nächsten Monat klar hätte.

Ich habe den Sprung dann tatsächlich gewagt und meine unbefristete gut bezahlte Abteilungsleiterinnenstelle gegen die Selbständigkeit eingetauscht. Und es nicht bereut. Hätte ich übrigens auch nicht, wenn ich weiterhin meinen Lebensunterhalt nur von der Selbständigkeit bestreiten müsste. Die Freiheit, selbst zu bestimmen, welche Projekte und welche Beratungsaufträge ich annehme und wie ich sie abarbeite, die fehlenden oft unproduktiven Meetings und letztlich natürlich die freie Zeiteinteilung, sind für mich ausreichende Faktoren für meine Lebensqualität, die den fehlenden Faktor Sicherheit mal ganz entspannt aufwiegen. Ganz zu schweigen von den Yogastunden, die mir immer wieder riesengroße Freude bereiten.

Schwer war die Kündigungsphase. Ich hatte eine lange Kündigungsfrist von sechs Monaten und in meiner Firma gab es wenig Verständnis für meinen Schritt. Wir hängen in Deutschland alle so an unseren Stellen, dass eine freiwillige Kündigung wie Hochverrat wirkt. Ein befreundeter Abteilungsleiter zeigte sich bei einem Feierabendbier dann doch fasziniert und wollte ganz viel wissen. Am Ende des Gesprächs hatte ich den Eindruck, er würde am liebsten auch kündigen. Sich trauen. Er ist auch heute noch in meinem alten Unternehmen angestellt. Für mich ging die Zeit dann aber doch rum. Da kaum noch jemand was von mir wollte, nutzte ich die letzten Monate im alten Unternehmen um meine Selbständigkeit vorzubereiten.

Dann war ich also selbständig, mein Büro war zuhause und es war zunächst eine große Umstellung aus einem Bürobetrieb mit 15 Mitarbeitern in meiner Abteilung morgens alleine meinen Computer zu begrüßen. Es ging jetzt erstmal darum, möglichst viele Aufträge an Land zu ziehen und letztlich mit Projektpartnern aus früheren Zeiten den Kontakt zu halten. Am Anfang war das mit der Entscheidung, welche Projekte ich annehme und welche nicht, noch nicht so weit her. Ich habe faktisch alles angenommen. Immerhin war da ja dieses Sicherheitsbedürfnis. Und ich habe viel gearbeitet. Auch Projekte, die eigentlich nicht spannend waren, aber bei denen ich mich auskannte.

Mein eigentlicher Berufswunsch, als Yogalehrerin und Autorin zu arbeiten, blieb erstmal auf der Strecke. Ich wurde weiterhin in der Projektentwicklung und –begleitung angefragt, das hatte ich auch in meinem letzten Job viel und gut gemacht. Anfangs war das okay so. Es sollte sich ändern, als das Universum oder der Zufall noch eins draufsetzte.

* * *

MEIN MIETSHAUS IST FAST SCHULDENFREI

2010 sollte ich mich an meine Vision aus meiner Jugend erinnern: Mit 40 nicht mehr der Erwerbsarbeit nachgehen müssen.

Das Universum oder der Zufall hatte sich etwas Nettes einfallen lassen. Mein Vater hatte mit Aktien Geld verdient und stellte in Aussicht, mir einen Teil meines Erbes schon mit warmen Händen zukommen zu lassen. Dieses Angebot kam zu einem Zeitpunkt, wo gerade ein größerer Kredit fällig wurde und ich auch noch einiges an Geld zurückgelegt hatte. Entsprechend konnte der große Kredit getilgt werden, meine Wohnungen in meinem Mietshaus waren so gut wie schuldenfrei. Gut, es gab noch eine Kreditzahlung von 102 €, dagegen standen jetzt aber 1700 € Mieteinnahmen. Ich saß an meinem Schreibtisch und konnte es kaum fassen. Mit 43 hatte ich ein Ziel, an welches ich gar nicht mehr gedacht hatte, tatsächlich erreicht. Gut 3 Jahre Verspätung, aber auf eine Lebensspanne gesehen ziemlich punktgenau. Die Mieteinnahmen standen mir nun als Absicherung meines Lebensunterhaltes zur Verfügung. Das würde locker reichen, um meine Grundkosten zu sichern. Ich wusste, dass ich weiterarbeiten würde, allein weil Arbeit meinem Leben Sinn gab. Trotzdem, diese Sicherheit macht in der Selbständigkeit einen Riesenunterschied.

Es brauchte einiges an Zeit, um diese neue Situation zu verdauen. Was würde sich ändern? Würde sich überhaupt etwas ändern? Den weiteren Prozess habe ich als eine Entdeckungsreise ins Niemandsland erlebt. Es gibt wenige Rollenvorbilder, kaum Gesprächspartner und keine Blaupausen, die ich hätte anwenden können. Die Reise war und ist eine langsame Reise. Ein Vorantasten, was sich gut anfühlt und was nicht.

* * *

FREIBERUFLICH AKTIV – MIT DEN DINGEN, DIE SPAß MACHEN

Entsprechend des langsamen Vortastens in neue Möglichkeiten veränderte sich mein Berufsleben zunächst nur wenig. 2010 hatte ich einen Projektauftrag bis 2012 angenommen, es war klar, dass ich dieses Projekt auch fertig bearbeiten würde.

Bei weiteren Projekten veränderte sich der Fokus. Die reine Projektbetreuung machte ich nur noch für befreundete Bestandskunden. Ich erinnere mich noch gut, wie ich mich mit einem Interessenten traf, der eine Studie von mir gelesen hatte und dies nun auch für sein Unternehmen wollte. Er war baff erstaunt, als ich ihm freundlich mitteilte, dass ich daran kein Interesse hätte. Auch für mich fühlte sich diese Antwort sehr, sehr neu an.

Dafür mietete ich zusammen mit einer Kollegin Räume an, in denen ich auch Yogastunden geben konnte. So konnte ich jederzeit Kurse anbieten und musste mich nicht um externe Räumlichkeiten kümmern. Die Entscheidung für eigene Räumlichkeiten legte aber auch in meinem Kopf einen Schalter um. Bis dahin hatte ich Yogastunden eher gegeben mit der Haltung, ich bin's noch nicht, aber ich kann ja mal üben. Das strahlt man aus! Mit den neuen Räumlichkeiten stellte sich ein anderes Gefühl von Professionalität ein. Schnell kamen damit auch mehr und neue Menschen. Und ich konnte auch meine Stundensätze erhöhen.

Kombiniert mit meinem großen Beratungsprojekt habe ich bis 2012 ausgesprochen gut verdient. Die Grundsicherung aus den Mieteinnahmen war für meinen Lebensunterhalt nicht nötig und konnte komplett in die Rücklagen gesteckt werden. Darüberhinaus blieb auch bei meinen normalen Einnahmen einiges übrig. Insgesamt konnte ich den Kredit für mein Reihenhaus tilgen, Ende 2012 war ich damit auch die Belastung für diesen Kredit los. Hier musste ich zwar noch Vorfälligkeitszinsen zahlen, aber irgendwie fand ich es toll, schuldenfrei zu sein.

2013 und 2014 hatte ich nicht mehr so große Beratungsaufträge, ich habe die Kontakte zu den befreundeten Unternehmen nicht mehr so intensiv gepflegt und habe im einen oder anderen Gespräch eher deutlich gemacht, dass ich mich umorientiere. Stattdessen habe ich an einem neuen Buch (neben diesem) geschrieben, was dann Anfang 2015 erschienen ist. Ich hatte immer mehr das Gefühl, die Dinge tun zu können, die ich tun wollte.

Spannend war, dass ich trotzdem unseren Lebensunterhalt, also etwa 24.000 € im Jahr locker durch meine Arbeit bestreiten konnte. Ich hätte die finanzielle Grundsicherung also gar nicht gebraucht und habe sie auch nicht angetastet, aber das Gefühl, dass sie da ist, hat mich sicherer und fokussierter gemacht.

Warum ich hier übrigens im Plural rede? Von diesem romantischen Teil in meinem Leben erzähle ich im nächsten Kapitel.

* * *

HEIRATEN IST AUCH EINE LÖSUNG – BEI MIR EHER FÜR MEINEN MANN

Meine Partnersuche war nicht einfach. Ich hatte viele Partner, die mit meiner Führungsstärke nicht umgehen konnten. Ich hatte jeweils keine Lust mich unterzuordnen und so gingen viele Beziehungen auseinander. Außerdem, ich erwähnte es, entspreche ich nicht unbedingt dem weiblichen Schönheitsideal.

Meinen Seelenverwandten habe ich dann übers Internet kennengelernt. Einen Mann, den ich im realen Leben nie getroffen hätte – es gab einfach keine Gemeinsamkeiten.

Er hatte schon vieles erlebt, von Sucht über Arbeitslosigkeit bis hin zu spirituellen Erfahrungen. Er hatte keine Probleme damit, dass ich die dominantere Person bin, dass ich nach außen Entscheidungen treffe und wenn man in klassischen Rollenmustern denkt, die Männerrolle einnehme.

Mit meinem Unfall hatte sich auch mein Blickwinkel in Bezug auf Partnerschaften geändert. Ich glaube, dass mir vorher bei einer Partnerschaft schon der repräsentative Aspekt sehr wichtig war. Nach dem Unfall war mir nur noch wichtig, glücklich zu sein. Und zu schauen, mit wem ich mein Glück gut erleben kann. Diesen Menschen hatte ich gefunden!

Nach einigen Jahren guter und liebevoller Partnerschaft haben wir uns dann für eine Ehe entschieden. Ich würde lügen, wenn ich verschweigen würde, dass auch Geld hier eine Rolle spielte. Mein Partner hatte sich gerade selbständig gemacht, zunächst mit Gründungszuschuss und vergünstigtem Kassenbeitrag. Allerdings verdiente er fast nichts. Mit vollem Kassenbeitrag würde er seine (erfolglose) Selbständigkeit nicht halten können. Wir mussten also was ändern. Eine Variante wäre gewesen, dass er sich wieder beim Jobcenter meldet und Hartz 4 bekommt. Das würde aber auch mein Leben beeinträchtigen. Schlicht, weil Reisen nicht mehr einfach möglich sein würden. Ganz zu schweigen von der Stimmung, wenn ein Termin in diesem Center anstünde. Das wollte ich nicht. Auch wenn ich die Bevorzugung der „Hausfrauenehe" politisch absurd finde, so wurden wir Nutznießer von diesen Regelungen. Mein Mann ist jetzt bei mir mitversichert und steuerlich ist die gemeinsame Veranlagung unter diesen Rahmenbedingungen auch schick.

Zuhause habe ich einen Hausmann, der sich wunderbar um das Haus kümmert, einkauft und die Wäsche macht. Alles Tätigkeiten, die ich als Frau machen könnte, die aber bei mir eher das Gefühl von Langeweile und muss-halt-sein, wecken. Von daher bin ich über dieses Arrangement sehr, sehr dankbar.

* * *

VERTRÄGE SIND DAFÜR DA, DASS MAN SICH VERTRÄGT

Ich habe ja nun relativ spät geheiratet. Um die 40 sind in meinem Umfeld schon wieder viele Ehen in die Brüche gegangen. Von daher war und bin ich nicht so blauäugig, dass ich sagen würde, für immer und unsere Ehe ist absolut sicher.

Bei vielen Freundinnen habe ich erlebt, wie gerade finanzielles Desinteresse zu sehr misslichen Scheidungssituationen geführt haben. Klar, dass ich dies vermeiden wollte.

Mit einer Notarin haben wir einen Ehevertrag entwickelt. Im Wesentlichen haben wir Gütertrennung vereinbart – eine Regelung, mit der auch mein Mann voll einverstanden war. Unser Grundsatz: Wenn wir auseinandergehen, dann behält jeder sein Geld.

Diese Regelung brachte aber auch emotionale Probleme für mich mit sich. Was, wenn er nur wegen des Geldes bei mir bleibt? Das wollte ich ja auch nicht.

Wir haben über diese Frage viel geredet, ich habe darüber viel im Stillen nachgedacht und mir nochmal ein Coaching geleistet. Heraus kam für mich die Lösung, dass mein Mann eine eigene Wohnung braucht. Als Kapitalanlage, aber im Notfall auch als Rückzugsort, wenn wir uns trennen.

Entsprechend haben wir uns wieder auf die Immobiliensuche gemacht und ein echtes Schnäppchen entdeckt. Eine 2 Zimmer Wohnung hier in unserer Stadt, die von einem Privatbesitzer für relativ wenig Geld angeboten wurde. Es war zu diesem Zeitpunkt wieder genug Geld auf der hohen Kante, dass wir diese Wohnung komplett bar bezahlen konnten. Sie war mit 45.000 aber auch sehr billig. Wohnungen in dieser Anlage werden heute – also gut drei Jahre später – für 70.000 bis 90.000 Euro angeboten. Eine schöne Wertsteigerung.

Das Geld kam zu 75% von meinen Einkünften, 25% steuerte mein Mann dazu. Dennoch gehört die Wohnung ausschließlich ihm. Natürlich kann ich dieses „Geschenk" in der Zukunft irgendwann bereuen. Aber ich betrachte den Kauf eher als Investition in unsere Beziehungsfreiheit. Wir können beide gehen, wenn es nicht mehr passt. Heißt aber im Umkehrschluss auch, dass wir bleiben, weil es noch passt. Und in dieses Gefühl, in einer Partnerschaft zu leben, die passt, in dieses Gefühl investiere ich gerne Geld. Auch mit der Gefahr, dass ich es verlieren könnte.

Mein Finanztipp: Heiraten kann eine teure Angelegenheit werden. Klären Sie in guten Zeiten, wie Sie in schlechten Zeiten miteinander umgehen wollen. Auch wenn Ihnen das ganz bestimmt nicht passieren wird.
Wenn ich das richtig sehe, wird jede dritte Ehe geschieden und ich glaube, man erspart sich viel Stress, wenn wenigstens die finanziellen Fragen schon in guten Zeiten diskutiert und geklärt, sowie vertraglich festgehalten wurden.

* * *

DER NEUE KOSTENÜBERBLICK

Mein Mann und ich sind nach der Hochzeit zusammengezogen. Damit hatten wir einen Haushalt und ich keine Vorstellung, wieviel Geld wir zusammen brauchen. Vorher hatte sich das so eingeschliffen und ich kam mit etwa 1.500,- € im Monat hin. Nun war ich mir da nicht so sicher und mein eigener innerer Sicherheitsmanager wurde unruhig. Also habe ich mir so eine schöne App aufs Smartphone geladen, mit welcher man alle Ausgaben wunderbar dokumentieren kann. Diese haben wir über ein halbes Jahr sehr gründlich bestückt, mit wirklich allen Ausgaben, die wir so hatten. Nicht um irgendetwas zu korrigieren, sondern um den Überblick zu behalten. Oder besser, zunächst erstmal überhaupt zu bekommen. Nach einem halben Jahr habe ich Durchschnittswerte gebildet. Wir brauchen – ohne Sonderausgaben – etwa 2.000,- € im Monat. Unser Haus hat selbst wenig Kosten, auch sonstige fixe Ausgaben sind relativ gering. Mit 1.700,- € Mieteinnahmen ist die Finanzierungslücke minimal. In der Regel deckt sie sich durch meine Autorenhonorare und meinen Yogaunterricht. Und da einige gute Kunden mich immer noch im Bereich des Projektmanagements nachfragen, ist es eigentlich immer zu viel Geld, wenn der Monat vorbei ist. Trotzdem witzig, dass ich dieses Bedürfnis hatte, es zumindest nachzukontrollieren. Wahrscheinlich bin ich doch ein Kontrollfreak.

Mein Finanztipp: Man muss nicht immer ein Haushaltsbuch führen oder eine App füttern. Aber von Zeit zu Zeit verschaffen diese einen guten und transparen-

ten Überblick. Und zur Vermögensbildung ist es in meinen Augen zentral einen Überblick über die eigenen Ausgaben zu haben.

* * *

SO LANGSAM SICKERT DER GEDANKEN: ICH BIN REICH!

Ganz, ganz langsam entwickelt sich ein Bewusstsein von Reichtum. Als mir klar wurde, wieviel Geld ich auf der hohen Kante hatte, kam irgendwann das erste Mal der Gedanke von Reichtum auf. Als ganz ferne Gedanke, davor hätte ich immer nur gedacht, dass ich einen kleinen Puffer besaß. So für schlechte Zeiten halt. Aber so langsam kam der Gedanke von Reichtum an. Heißt nicht, dass sich damit gleich das Verhalten ändert. 45 Jahre habe ich mir sparsames Leben angewöhnt, meine Eltern haben diese Werte gelebt, auch mein Mann lebt nach diesen Grundsätzen. Und das soll ich jetzt ändern?

Ich kann mich gut erinnern, wie ich das erste Mal zum shoppen gefahren bin, mit dem Gefühl: Ich habe Geld, ich kann mir alles kaufen. Es ging zur Friedrichstraße nach Berlin. Zurück kam ich mit einem Stück gut riechender Seife, drei Büchern, zwei T-Shirts und drei paar Socken. Dann war die Energie zu Ende. Ich bin keine gute Einkäuferin und das Gewusel in vielen Geschäften macht mich eher nervös. Entsprechend geht das nicht lange gut. Irgendwann und zwar relativ schnell, habe ich keine Lust mehr.

In dieser Zeit habe ich mit meinem Mann viele Gespräche geführt. Er hat immer wenig Geld verdient und für ihn war es entsprechend auch ungewohnt, plötzlich mit einer vermögenden Frau zusammen zu sein, die nicht so recht weiß, was sie mit ihrem Geld machen soll. Wir haben viele Gedanken durchgespielt, munter gesponnen und dabei aber auch gefühlt, wie viele Phantasien für uns dann einfach nicht passen.

Gerade am Anfang meiner „reichen Lebensphase" war ich zunächst von Menschen umgeben, die wahlweise kein Geld hatten oder die auch nicht wussten, was sie mit diesem tun sollten (dies waren eigentlich nur meine Eltern). Erst auf den zweiten Blick habe ich dann auch Menschen entdeckt, die auch vermögend sind und einen etwas entspannteren Umgang damit gefunden haben. Obwohl ich mit viel Interesse zugehört habe, blieb ich trotzdem in meinem sparsamen Verhalten verhaftet. So eingefahrene Muster lassen sich nicht einfach ändern.

Mein Finanztipp: Suchen Sie sich die Menschen gut aus, mit denen Sie sich offen über Ihre Geldgedanken austauschen wollen. Es gibt leider nicht viele, aber ein Austausch ist sehr wertvoll.

* * *

GELDCOACHING UND GELDAUFSTELLUNG

Ansichten und Umgang mit Geld haben oft ihren Ursprung im Elternhaus und spiegeln meistens Grundmuster und Loyalitäten oder Emotionen zum Elternhaus oder auch vorherigen Generationen wieder. Ich hatte dies schon häufig bei Aufstellungen analog zum Familienstellen zum Thema Geld erlebt. Spannend, durch wen das Geld ersetzt wurde. Meist stand es stellvertretend für den Vater oder die Mutter, manchmal auch andere Familienmitglieder. Mehrere Male war ich als Stellvertreterin anwesend, einmal habe ich auch selbst aufgestellt. Überraschend stand das Geld nicht als Stellvertreter für meinen Vater sondern für meine Mutter. Ich konnte damit zunächst nichts anfangen, und habe dann meinen Geldcoach auch nochmal zu einem Einzelcoaching aufgesucht. Dabei habe ich spannenden Entdeckungen gemacht, die mir wieder deutlich vor Augen geführt haben, das Geld stellvertretend für Beziehungsthemen steht.

Ich habe meiner Mutter unbewusst Wertschätzung erwiesen, in dem ich genauso sparsam wie sie gelebt habe. Sie dreht immer noch jeden Cent um und ich habe dies auch getan. Das hat auch einen gewissen Sinn gemacht. Ich habe mich ja aus der Frauenlinie meiner Familie herausbewegt. Wie ich eingangs geschildert habe, waren meine Großmütter und meine Mutter in Sachen Geldthemen nicht besonders bewandert, haben sich dafür nicht interessiert bzw. was noch wahrscheinlicher für die damalige Zeit war, sie durften sich damit gar nicht erst befassen. Ein bisschen aus der Rolle gefallen ist meine Oma, die mit Aktien gehandelt hat. Aber da sie darüber nicht geredet hat, habe ich das erst im Rückblick erfahren. Damit war sie als Rollenbild ungeeignet.

Ich habe mich aus der gängigen weiblichen Linie herausbewegt und es war mir immer eine große Freude, wenn ich mich mit meinem Vater über Geldanlagen unterhalten durfte und er mich irgendwann sogar mal um Rat gefragt hat. Er war auch erkennbar stolz über den Kauf meines Mietshauses, von dieser Seite habe ich viel Anerkennung erfahren. Eben von der männlichen Seite. Zu der weiblichen musste ich aber irgendwie auch noch Zugehörigkeit herstellen. Ein Grundbedürfnis, welches wir unbewusst immer wieder anstreben. So habe ich meine Zugehörigkeit zur weiblichen Linie wieder hergestellt, in dem ich halt so sparsam war, wie alle Frauen vorher.

Wir haben dieses unbewusste Muster im Coaching aufgelöst, mit Wing Wave und der Planung, wie ich meine Mutter stellvertretend für die weibliche Linie auch anders würdigen kann.

Das hat seitdem recht gut geklappt. Die Würdigung, wie auch eine andere Entspanntheit, was das Geld ausgeben angeht. Jetzt stelle ich die Sparsamkeit meiner Eltern häufiger in Frage und muss mich dann von meinem Mann daran erinnern lassen, dass nicht sie sparsamer geworden sind, sondern ich meinen Blick darauf verändert habe.

Dennoch gibt es immer wieder witzige Rückfälle in sparsame, ja manchmal geizige Verhaltensformen. Ich mag zum Beispiel eine teure Hautcreme aus dem Bioladen. Neulich wollte ich sie wieder kaufen und hatte die Packung für 42,- € schon in der Hand, habe aber noch gezögert. Da entdecke ich die Bodylotion derselben Marke für den halben Preis. Und was macht mein inneres Sparbrötchen? Überzeugt mich natürlich, dass wir mit der Bodylotion doch auch gut fahren können. Selbstverständlich auch im Gesicht.

Solche Rückfälle tauchen immer wieder auf, mein inneres Sparbrötchen übernimmt dann und fährt mein Handeln auf einer Art Autopilot. Manchmal fragt mich mein Mann dann befremdet, warum ich dieses oder jenes jetzt nicht gekauft habe. Wenn ich über meine Reaktion nachdenke, kann ich dann immer nur nachdenklich antworten: Das war gar nicht ich, das war mein Sparbrötchen. Und mich schon ärgern, aber ein Anteil in mir ist dem Sparen eben noch sehr verhaftet.

Mein Finanztipp: *Gönnen Sie sich einen Blick hinter die Kulissen. In Ihrem Unterbewussten schlummern ganz viele Geldgeheimnisse, Glaubenssätze, unbekannte Bindungen und überraschende Loyalitäten. Diese aufzudecken und unpassende Muster aufzulösen, kann sehr spannend und befreiend sein.*

* * *

UNGLAUBLICH, WIE TEUER IMMOBILIEN JETZT SIND

Im Herbst 2014 haben mich zeitgleich eine Mieterin und die Hausverwaltung genervt. Eigentlich hatte ich im Kopf den Glaubenssatz, dass man vermietete Immobilien besser nicht verkauft. Aus einem sozialen Aspekt, weil Mieter ja dann doch gerne rausgeklagt werden und aus einem finanziellen Gedankengang in Bezug auf den geringeren Kaufpreis bei vermieteten Immobilien.

Je mehr der Stress wegen einer banalen Nebenkostenabrechnung zunahm, desto mehr habe ich mich von diesem Glaubenssatz gelöst. Im Internet wollte ich dann recherchieren, zu welchem Preis Wohnungen in dieser Gegend angeboten werden. Das ging so gut wie nicht, es gab in diesem Stadtteil gerade mal zwei Erdgeschosswohnungen im Angebot. Damit war es zwar schwer zu errechnen, wie hoch wohl der Kaufpreis sein könnte. Auf der anderen Seite war es natürlich ein klares Signal, dass hier die Nachfrage das Angebot übersteigt, die Preise also wohl gestiegen sind.

Zunächst habe ich den Mietern die Wohnung zum Kauf angeboten. Nicht nur weil ich es musste, sondern auch, weil ich deren Einschätzung hören wollte. Und ich sie ihnen auch gerne verkauft hätte. Das Angebot von ihnen war jenseits von Gut und Böse, also so niedrig, dass die Rendite durch die Miete allemal deutlich besser wäre, nämlich etwa bei 7 %. Da war kein Spielraum für Nachverhandlungen, ich habe dankend abgelehnt und mich, falls Makler zu einem ähnlichen Ergebnis kommen sollten, darauf eingestellt, die Wohnung weiter zu behalten und zu vermieten. Die kontaktierte Maklerin musste bei diesen Preisvorstellungen aber eher schallend lachen, bot an, die Wohnung zu diesem Preis blind zu kaufen und machte sich an ihre eigene Bewertung. Ihr Preisvorschlag kam fast auf das Doppelte. 8 Wochen später hatte sie für diesen Preis auch einen Käufer. 25.000,- € höher, als ich im Stillen gehofft hatte. Ich war sehr fasziniert. Zumal der Käufer gleich Interesse an weiteren Wohnungen signalisierte, natürlich zum gleichen Kaufpreis.

Dieses ergänzende Kaufangebot war durchaus attraktiv, aber für mich zu schnell. Immerhin will das Geld ja irgendwie angelegt werden und in anderen Anlageformen bin ich längst nicht so versiert. Oder besser, ich habe nicht so viel Ahnung, wie und was ich da machen kann und soll.

* * *

KAUM ZU GLAUBEN: ICH BIN MILLIONÄRIN

Mit den neuen Immobilienpreisen war mir dann mit meiner Excel-Tabelle, die mich schon seit Jahren begleitet, klar: Jetzt bin ich also Millionärin.
Das hat mich erst mal umgehauen. Also zunächst das Wort zu denken, es wie einen geheimen Code vor ausgewählten Menschen auszusprechen und es nun hier aufzuschreiben.

Klar ist, ich rede dazu nur mit ganz wenigen Menschen. Und ich taste sehr genau ab, ob es zu sowas wie Begeisterung und Freude kommen kann oder ob mir eher Neid und Ablehnungen entgegen schlagen werden. Ist letzteres der Fall, breche ich bereits nach den ersten Andeutungen ab. Auf solche Gespräche habe ich keine Lust. Und sie sind leider häufig. Es gibt wenig Menschen, die sich für Geldanlagen interessieren. Unter meinen Geschlechtskolleginnen noch weniger. Wenn überhaupt ist es ein Thema unter Männern. Und da werde ich als Frau oft abgewertet. Grundsätzlich wird mir wenig Wissen zugetraut. Und wenn ich Geld habe, dann habe ich das bestimmt doch geerbt. So die gängige Annahme. Tatsächlich stimmt dies für etwa 25% meines heutigen Vermögens zu. Den Rest habe ich selbst gemehrt.

Ich fachsimple gerne. Ich lerne gerne hinzu, wie man Geld geschickt anlegen kann und ich gebe auch gerne meine Erfahrungen weiter. In der Regel werde ich aber ausgebremst. Dann wird von den bösen Kapitalisten, den gierigen Vermietern oder was auch immer geredet und ich schaue, dass ich schnell das Thema wieder auf das Wetter oder die neueste Mode lenke. Passt dann irgendwie besser.

Zurück blieb zunächst leider eine gewisse Einsamkeit. Ich habe mich dann auf die Suche gemacht, um irgendwo einen Rahmen zu finden, in dem ich mich über mein Thema austauschen kann.

* * *

DER GELDCLUB VON MENSCHEN VOLLER ENERGIE

Auf meiner Suche nach Gesprächspartnern habe ich einen Geldclub für Frauen entdeckt. Hier bin ich neugierig hingegangen, meine Erwartung war, dass ich hier noch mehr über Geldanlagen lernen würde. Ein bisschen war das auch so. Der Club wird von der Coach Gisela Enders geleitet und von Menschen voller Energie e.V. durchgeführt. In einer festen Gruppe von Frauen entdecken wir unsere Geldmuster und setzen uns mit diesen auseinander. Viele Muster, die ich in diesem Buch beschreibe, habe ich erst dort so richtig entdeckt. Also beispielsweise das Bedürfnis nach Sicherheit und Selbstbestimmung.

Die anderen Frauen, die zum Teil mit ihren Geldthemen an ganz anderen Stellen stehen, haben mir dann auch Mut gemacht, meine Geschichte einmal aufzuschreiben. Ich hoffe, sie haben Recht mit ihrer Einschätzung, dass diese Wegbeschreibung Mut machen kann. Selbst in dieser Gruppe habe ich eine

Weile gebraucht, um zuzugeben, dass ich Millionärin bin. Und mit meinen Mitstreiterinnen zu überlegen, was dies jetzt für mich bedeutet.

Inzwischen haben wir, inspiriert von den Texten zu diesem Buch, übrigens viele Geldgedanken zusammengetragen. Mit viel Leidenschaft und Spaß bestücken wir den Blog Klunkerchen.com mit unseren Gedanken und Ideen.

In der Zwischenzeit habe ich auch sehr viele Tipps zusammengetragen, um meine Geldbildung auszuweiten. So habe ich angefangen, viele Blogs zu verfolgen und Bücher zu lesen. Bei unseren Treffen konnte ich berichten und wir konnten diskutieren. Was macht in unseren Augen Sinn, was nicht. Wir haben viele gut recherchierte Blogs von Menschen, die sich selbst aufgemacht haben und selbst Wege für eine effektive Geldanlage recherchiert haben, entdeckt. Leider waren dies allerdings meist Männer, was ja nun im Grunde auch nicht schlimm ist...

Mein Finanztipp: Über Geld wird in Deutschland wenig bis gar nicht geredet. Es ist aber so wichtig. Einmal um zu lernen, aber auch um die eigenen Sichtweisen zu überprüfen und neue Sichtweisen kennenlernen zu dürfen. Machen Sie sich bewusst auf die Suche nach Gleichgesinnten, mit denen Sie vertraulich über das Thema Geld und Ihren Fragen dazu reden können. Wenn sich gar niemand findet, suchen Sie sich für den Anfang einen Geldcoach oder eine Honorarberaterin. Oder tummeln Sie sich erstmal im Internet, es gibt dort zahlreiche Blogs, die aus Laiensicht zum Thema Finanzen viel Wertvolles schreiben und die sich über jeden Kommentar von Ihnen sehr freuen. Im Anhang des Buches stelle ich einige Blogs und deren Autoren vor.

* * *

DIE FINANZIELLE FREIHEIT GESTALTEN

Das Ziel ist erreicht, das Geld wird für mich und meinen Mann bis zum Lebensende reichen. Also mindestens bis wir 95 sind. Und damit rechne ich nicht wirklich. Könnte aber sein. Und ja, es könnte zum Ende hin auch noch teuer werden. Von wegen angemessene Pflege und so. Entsprechend rechne ich konservativ. Aber es würde wohl mit einem moderaten Lebensstil reichen.

Mein eigentliches Ziel als Jugendliche, mein Engagement dann komplett dem Ehrenamt zu widmen, hat sich etwas nivelliert. In dieser Form ist es nicht mehr so interessant. Aber meine freie Zeit dem Schreiben und meinem Yogaunterricht zu widmen, dass finde ich toll. Im Augenblick arbeite ich mit einem Verein an einem (natürlich ehrenamtlichen) Yogaangebot für benachteiligte Mädchen. Hier gebe ich gerne meine Energie rein.

Viel Zeit kostet tatsächlich die Geldanlage. Eine Immobilie kaufen ist da relativ einfach. Man unterschreibt diverse Verträge und schon ist eine große Summe angelegt. Die Summe ist in der Regel sogar so groß, das auch für die weitere Zukunft viel freies Geld in diese einmal gewählte Anlageform fließt. Nun übe ich mich in Aktienanlagen, ETFs und nachrangigen Darlehen. Allein die ganzen Begriffe lernen, war eine Herausforderung. Inzwischen weiß ich, was ein Asset, ein ROI oder ein KGV ist. Und ich schaue ungefähr genauso oft mein Aktiendepot an, wie meinen Facebookaccount. Also viel zu oft.

Erstaunlicherweise stelle ich fest, dass ich mit den bisher erlebten Aktieneinbrüchen viel besser umgehen kann, als mit Problemen bei meinen vermieteten Wohnungen. Natürlich ist es nicht schön, wenn ich plötzlich 8% verliere. Zumal das investierte Kapital (etwa 1/3 des Kapitals aus dem Wohnungsverkauf) im Augenblick im Minus steht. Da wirken die mageren 3% Rendite aus den Mietswohnungen doch geradezu fürstlich. Aber bei meinen Immobilien habe ich es direkt mit Menschen zu tun. Und diese gehen mit Vermieterinnen nicht immer pfleglich um.

So richtig entschieden bin ich auch noch nicht zwischen ETFs und Aktien. Ich habe natürlich viel gelesen und bei meinem Wissensstand müsste ich eigentlich viel Geld in ETFs anlegen. Einfach weil ich nicht viel weiß. Wer sie nicht kennt: ETFs sind Exchange Traded Funds und bilden jeweils einen Index ab, wie beispielsweise den DAX oder den Dow Jones. Entsprechend bewegen sie sich in meinem Depot langsamer, weil eben viele Werte in den Gesamtwert mit einspielen. Aber sie rutschen auch nicht so dramatisch ab, wie einzelne Aktienwerte. Trotzdem habe ich mein Depot, im Augenblick bei knapp 90.000 Euro munter auch mit Einzelwerten bestückt. Eben genau weil sie schneller hoch gehen können... Wie ich das Depot langfristig gestalte, weiß ich noch nicht.

Schwierigkeiten bereiten mir meine Nachhaltigkeitsüberlegungen, wenn es um Aktien geht. Es gibt einfach wenig Aktienunternehmen, die meinen Ansprüchen an eine bessere Welt gerecht werden. Würde ich nur solche Werte kaufen, dann wären es wahrscheinlich nur noch erneuerbare Energien und sonst so gut wie nichts. Für eine Diversifizierung wäre dies ein kritisches Unterfangen.

Sehr freue ich mich über neue Finanzierungsarten wie Companista oder Bettervest. Ich kann mir meine Projekte aussuchen und genau schauen, mit welchen Beträgen ich bei welchen Firmen einsteigen will. Das Risiko ist natürlich groß, wenn die zu finanzierende Firma Pleite geht. Deshalb bleibe ich in der Summe pro Darlehen zurückhaltend. Das kann im Rückblick dann ärgerlich sein, aber wer kann schon im voraus zurückblicken?

Mein Finanztipp: Geldanlegen kostet Zeit und Nerven. Manchmal laufend, weil beispielsweise Aktienkurse täglich gehandelt werden. Manchmal auch nur von Zeit zu Zeit, aber dafür dann möglicherweise auch heftiger. Wenn nachrangige Darlehen ausfallen, dann kann es sich gleich um einen größeren Verlust handeln. In jedem Fall kommen Sie nicht umhin, sich selbst schlau zu machen und selber zu entscheiden, wie hoch Ihr Risiko sein soll. Ist dieses hoch, haben Sie Chancen in beide Richtungen: viel zu gewinnen oder eben auch viel zu verlieren.
Übrigens, wenn Sie gar nicht handeln, verlieren Sie zwar relativ wenig, werden aber nie gewinnen.

* * *

DER AKTUELLE BLICK, WELCHE GELDANLAGE IST BESSER?

Ich bin jetzt schon mehr gefragt worden, was ich empfehlen würde: Immobilien und Aktien. Während ich mein Vermögen eher mit Immobilien gemacht habe, hat zeitgleich mein Vater sein Geld in Aktien angelegt. Wir haben neulich verglichen. Nebenbei war dies übrigens eine Sternstunde für mich. Mein Vater nimmt mich als Tochter ernst genug um einen ernsthaften Vergleich zu wagen. Natürlich ist die Rendite immer schwer zu vergleichen, insbesondere weil ich bei den Immobilien nur einen groben Wert kenne und auch nicht genau und exakt Buch über die vielen Investitionen geführt habe, die ich im Laufe der Jahren getätigt habe. Aber selbst im groben Vergleich liegt mein Vater mit seinen Aktien vorne. Wenn auch nicht viel, es ist für uns beide gut gelaufen.

Was für meinen Immobilienkauf spricht: Ich konnte ihn nicht ganz so leicht rückgängig machen. Wenn ich auf mein Leben zurückblicke, wäre ich nicht sicher, ob ich nicht vielleicht irgendwann mein Depot angegriffen hätte. Oder auch in einer Aktienkrise aufgelöst hätte. Bei meiner Immobilie habe ich auch gelitten. Aber verkaufen auf einen Schlag war schon aus steuerlichen Gründen nie eine Option. Ganz davon abgesehen, dass ein spontaner Verkauf einer Aktie ohne weiteres zu machen ist, bei einer Immobilie hat man von der Suche eines Käufers bis zum Notartermin doch viel Zeit, um Fehlentscheidungen zu überdenken.

Mein Vater und mein Großvater sind beide Buy-and-hold Kandidaten. Zur goldenen Hochzeit hat mein Opa mal Aktien verkauft, das wurde breit erwähnt. Aber ansonsten haben die beiden nur gekauft und die Aktien dann gehalten. Damit sind sie gut gefahren, bzw. mein Vater fährt damit auch heute noch gut. Er bleibt auch gelassen, wenn die Aktien mal im Minus sind. Sicherlich auch weil er über viele Jahre gelernt hat, dass seine Aktien sich eher nach oben als nach unten bewegen.

Mein Finanztipp: *Ich glaube, es ist ein bisschen unerheblich, welche Form der Investition sie wählen. Hauptsache, Sie wählen überhaupt eine. Und bleiben dabei. Wenn Sie sich bei den Gedanken an einer vermieteten Immobilie glücklicher fühlen, dann suchen Sie eine passende Immobilie. Wenn Sie gerne in Unternehmen investieren wollen, dann entscheiden Sie sich für Einzelaktien. Ja, und wenn Sie einfach nur am allgemeinen Aktien- oder auch Rohstoffmarkt teilhaben wollen, dann wählen Sie einen entsprechenden ETF.*

Die am wenigsten vorteilhafte Anlageform ist das Sparbuch, auf dem Ihr Geld versauert, weil Sie sich nicht entscheiden konnten, bwz. weil Sie sich nicht getraut haben.

* * *

GLÜCK HAT NICHTS MIT GELD ZU TUN, FREIHEIT SCHON

Wenn Freiheit glücklich macht, dann macht Geld in der Summe doch wieder glücklich. Die Freiheit zu haben, arbeiten zu können, wann ich will und es zu lassen, wenn ich nicht will, die ist toll. Faktisch hat sich an meiner Arbeit in Sachen zeitlicher Beanspruchung nicht viel geändert. Ich arbeite immer noch viel. Der Unterschied ist jetzt, dass ich es bewusst freiwillig tue. Das Geld, welches mir Kunden zahlen, ist ein Mittel der Wertschätzung. Ich bin Fan von fairen Tauschgeschäften und dazu ist Geld ein praktisches Mittel.

Morgens loszufahren mit dem Satz auf den Lippen: Ich will jetzt gerne arbeiten gehen, ist ein wahres Geschenk.
Und zwischendrin dann auch nicht zu arbeiten, natürlich auch. Ohne diese nagende Stimme, die sagt, Du musst jetzt aber. Sie ist übrigens manchmal schon noch da, auch ich habe sie wahrscheinlich zu oft gehört und sie kann auch jetzt nicht einfach den Mund halten. Natürlich habe ich alleine und mit meinem Mann durchgespielt, ob wir uns ein anderes Leben vorstellen können. Also beispielsweise die Zelte abzubrechen und durch die Welt zu reisen oder gar auszuwandern. Ich habe auch durchgespielt, ob ich vielleicht doch aufhören möchte zu arbeiten. Immerhin bin ich nicht immer begeistert, abends Yogakurse zu geben. Ich könnte ja auch schön Essen gehen oder ins Kino oder vorm Fernseher oder was auch immer. Oder weniger Beratungen durchführen. Wir haben alle Gedanken im Augenblick zumindest verworfen. Warum?

Wir möchten unsere Zelte in unserer Reihenhaussiedlung nicht abbrechen, weil wir hier in fantastischer Nachbarschaft leben, mit Kindern und Freunden. Außerdem sind unsere Eltern inzwischen in einem Alter, in welchem sie uns regelmässig brauchen. Hier möchten wir nicht langfristig im Ausland sein, dafür sind sie uns entschieden zu wichtig. Entsprechend ist eine Abwesenheit jenseits eines Urlaubs für uns nicht attraktiv.

Würde ich weniger Yogastunden geben, würde ich auch weniger Yoga machen. Das würde meinem Körper nicht gut tun. Außerdem gebe ich mein Wissen so gerne weiter und ich freu mich sehr an den Fortschritten meiner Schülerinnen.

Bei den Nachhaltigkeitsberatungen frage ich mich schon von Zeit zu Zeit kritisch, ob ich diese mache, weil sie mir Spaß machen oder weil sie gut bezahlt sind. Sie sind in der Struktur immer sehr ähnlich, wenn es auch in jedem Unternehmen zu interessanten Überraschungen kommen kann. Ich bin unentschlossen. Allerdings mache ich gerade auch nicht so aktiv Akquise, entsprechend gering ist die Nachfrage.

Dafür habe ich mehr Spaß am Schreiben, ich steuere gerne Texte für viele Blogs zu und habe mehrere Buchprojekte am Start.

Alles bleibt im Fluss. Die Überlegungen stimmen aber für den Augenblick. Die wunderbare Freiheit liegt in der Tatsache, dass wir in den nächsten Jahren auch zu anderen Ergebnissen kommen könnten. Und sie dann auch umsetzen könnten. Wobei ich im übrigen glaube, dass man viele Dinge im Leben umsetzen kann, wenn man dies wirklich will. Bei mir weiß ich, dass mein eigenes Sicherheitsbedürfnis immer ein bisschen blockiert, aber dennoch vieles möglich wäre. Auch ohne das Geld. Aber ich hab gut reden und will hier jetzt nicht Tipps geben, die ich in meiner jetzigen Situation gut geben kann.

Mein Finanztipp: Finanzielle Freiheit ist nicht geeignet für Menschen, die mit dieser Freiheit nicht umgehen können. Wer die Struktur braucht, jeden Morgen zur Arbeit zu gehen, wer die Gemeinschaft mit anderen sucht, die Montags über den Start der Woche klagen, der MUSS geradezu weiterhin seine Brötchen verdienen.

Was niemanden davon abhalten soll, Vermögen aufzubauen. Ich bin sicher, wenn der Zustand wieder hergestellt werden soll, finden sich Wege, das Vermögen auch schnell wieder abzubauen.

* * *

TEILEN UND ABGEBEN

Nicht allen Menschen geht es so gut wie uns. Dazu gibt es in meinen Augen noch viel, was sich verbessern kann und muss in unserer Welt. Über nachhaltige Geldanlagen habe ich bereits geschrieben. Diese interessieren mich sehr, zu mal ich daran glaube, dass insbesondere die erneuerbaren Energien die Technik der Zukunft und damit renditeträchtig sein werden. Aber auch viele andere Innovationen im Bereich der nachhaltigen Entwicklung haben in meinen Augen großen Sinn – eben auch renditetechnisch. Darüberhinaus gibt es aber auch Menschen und Aktivitäten, die Geld brauchen, weil sie für eine gute Sache unterwegs sind. Hier habe ich mich schon immer engagiert, wenn das Spendenansinnen für mich Sinn macht. Allerdings gehen mir die anschließenden Spendenwerbeaktionen von einigen Vereinen manchmal sehr auf den Keks. Dafür soll mein Geld nicht verwendet werden!

Am liebsten sind es kleine Aktivitäten, die ich unterstütze, von Menschen, die ich kenne oder von denen ich von anderen Menschen gehört habe. Schön finde ich, dass viele Geburtstage, so jetzt ab 50, keine Wünsche mehr formulieren sondern sich um Spenden für die ihnen wichtigen Sachen bemühen. Da schenke und spende ich ausgesprochen gerne.

Mein Finanztipp: *Spenden Sie von Zeit zu Zeit. Es gibt Menschen und Einrichtungen, die dies gut brauchen können. Wir sind ja nicht alleine auf der Welt.*

* * *

WIE LANGE WERDE ICH LEBEN UND WAS KOMMT DANACH?

Einen Vorteil haben die gesetzliche Rentenversicherung sowie alle anderen Formen der Altersvorsorge, die lebenslang zahlen. Man kann mit ihnen sehr alt werden. Und das Geld wird immer noch reichen. Bei meinen sehr konservativen Simulationsrechnungen wird es bei mir um die 95 Jahre finanziell eng. Konservative Rechnungen gehen von 2% Rendite aus, ich hoffe, dass es insgesamt schon besser laufen wird. Aber der Gedankengang im hohen Alter dann nochmal zu einem Sozialfall zu werden, gefällt mir nicht besonders gut. Nun werde ich sicherlich noch einige Jahre etwas Geld dazuverdienen, wenn auch nur zum Spaß. Deshalb wird sich wahrscheinlich auch die Lücke nach oben schließen lassen.

Da stellt sich dann das andere Thema: Wenn es noch mehr wird oder ich früher sterbe, bleibt Geld übrig. Ich habe keine Kinder, allerdings sechs Neffen und Nichten. Die Kinder meiner Schwester sind gut versorgt, dort verdienen beide Elternteile viel Geld und meine Schwester hat dieselben Sparbrötchen-gene wie ich. Die Kinder werden das Geld nicht brauchen. Bei den Nichten meines Mannes würden mit dem Erbe diverse Möbel- und Modemärkte saniert werden. Hier gibt es zum Teil ganz andere Geldvorstellungen, ich will die dahinterstehenden Konsumwerte eigentlich nicht unterstützen. Oder nur mit einem geringen Teil und nicht gleich mit Tausenden von Euro. Die logische Schlussfolgerung: Ein Testament muss her.

Dieses ist inzwischen auch gemacht, in einer Aufteilung zum Teil für die liebe Verwandtschaft, aber auch zum Teil an Stiftungen und Vereine, die genau die Dinge tun, die mir wichtig sind. Leider habe ich in meinem Leben zu oft erlebt, dass das Leben eben schneller zu Ende ist, als dies geplant war. Umso mehr finde ich es wichtig, das Leben an jedem Tag zu geniessen.

Mein Finanztipp: Was kommt, wenn wir gehen? Das Leben ist endlich und besonders wenn es keine direkten Erben gibt, machen Sie sich Gedanken, was Ihr Vermögen am Ende noch gutes leisten kann. Vererbtes Vermögen an Stiftungen und gemeinnützige Vereine ist übrigens von der Erbschaftssteuer komplett befreit.

* * *

FIKTION ODER WIRKLICHKEIT?

Ist diese Geschichte erfunden oder ist sie tatsächlich so passiert? Fiktion oder Wirklichkeit?

Die Antwort dazu muss ich differenzieren. Die Geldentwicklung ist tatsächlich so passiert. Die anderen Stationen sind nicht frei erfunden, aber abgeändert. Warum?
Bei uns ist Offenheit in Bezug auf Geld leider nicht vorhanden, stattdessen weckt meine Geschichte schnell Neidgefühle. Deshalb erscheint dieses Buch unter einem Pseudonym.

Ich hoffe, dass ich mit dieser Geschichte bei Ihnen nicht die beschriebenen Neidgefühle geweckt habe, sondern eher Impulse geben konnte, wie ein Vermögensaufbau tatsächlich stattfinden kann.

Leider kann ich auch nicht raten, diesen Weg eins zu eins zu kopieren. Wie sich unsere Wirtschaft und damit der Aktienmarkt entwickeln wird, vermag ich nicht zu sagen. Dasselbe gilt für die zukünftige Entwicklung von Immobilien oder Edelmetallen. Sie werden ihren eigenen Weg finden müssen.

Für zentral halte ich allerdings die eigene Zielvorgabe, das eigene Mindset, warum sie finanziell frei sein wollen. Und ob das wirklich, wirklich ein Ziel ist. Was es genau bedeutet, wenn Geld keine regulierende Rolle mehr spielt. Der Zwang Geld zu verdienen, strukturiert unser Leben sehr. Fehlt dieser Zwang geht auch die Struktur flöten. Wie soll Ihre neue Struktur aussehen und was macht diese neue Struktur für Sie wirklich wertvoll? Wie werden Sie diese neue Lebensstruktur mit Sinn erfüllen. Sinn, der sich nicht nur die ersten 14 Tage oder zwei Monate gut anfühlt, sondern auch noch schlüssig ist, wenn Sie viele Jahre in dem neuen Leben gelebt haben.

Für meinen Teil habe ich da noch nicht die abschließende Antwort gefunden. Ich werde hoffentlich noch lange an diesem Experiment arbeiten dürfen.

Ich bin überzeugt, dass es noch viele andere Wege gibt, um finanzielle Freiheit zu erlangen. Deshalb freue ich mich, dass einige Gastautoren im zweiten Teil ihre Blogs, ihre Angebote und besonders ihre besten Tipps, wie man dieses Ziel erreicht, mit uns teilen.

Bei diesen Beiträgen habe ich keine Vorgaben gemacht, ob sie gesiezt oder geduzt werden. Jeder Autor und jede Autorin spricht sie so an, wie diese es passend finden. Lassen Sie sich überraschen und bleiben Sie flexibel im sprachlichen Wechsel der GastautorInnen.

2. TEIL Wege zur finanziellen Freiheit

WENN GELD EIN MENSCH WÄRE....
Von Gisela Enders – www.klunkerchen.com

Menschen haben sehr unterschiedliche Zugänge zum Thema Geld. Dennoch glaube ich, dass man sie in zwei verschiedene Gruppen unterteilen kann: In Menschen, die dem Geld zugetan sind und Menschen, denen Geld in ihrem tiefsten Inneren – oder auch deutlicher an der Oberfläche – suspekt ist. Gehören Sie zu Letzteren, werden Sie keine finanzielle Freiheit erlangen. Ihr Unterbewusstsein wird dies immer wieder unmöglich machen.

Um auch nur in die Nähe dieser Freiheit zu kommen, müssen erstmal viele negative Gedanken und Vorstellungen zum Thema Geld verändert werden. Wenn ich in meinen Coachings zu diesem Thema arbeite, kommen wir meist an tiefe Glaubenssätze, die sich früh entwickelt haben. Manchmal bereits als Kleinkind, manchmal wirken Energien von den vorherigen Generationen und manchmal haben sich Überzeugungen im Heranwachsen oder mit dem ersten eigenen Geld entwickelt. Da wir über Geld so gut wie nie reden, korrigieren wir Vorstellungen meistens auch nicht. Bei anderen Themen ist das anders. Was habe ich in der Jugend und auch später mit anderen Frauen über Männer geredet. Und wie gut war das. Sonst würde ich heute immer noch denken, sie seien alle Schweine. Über Geld dagegen spricht man nicht. Man schnappt Vorstellungen von den Eltern auf, macht ein bisschen eigene Erfahrungen und zeigt sich oft auch noch unbewusst loyal zu vorherigen Generationen.

Wenn ich in Coachings das Thema Geld anspreche, merke ich schon an der ersten Reaktion, wie es um das eigene Geldbewusstsein bestellt ist. Es gibt Menschen, die sind offen und neugierig – da gibt es meist wenig bis gar keine Probleme. Eher entspanntes Optimierungspotential. Es gibt andere, die zucken ein bisschen zusammen, verziehen das Gesicht oder verweisen dieses Thema mit einer Handbewegung und der Bemerkung: Macht alles mein Steuerberater – nach draußen. Wenn Geld so vor die Tür geschickt wird, dann wird es auch nicht zu einem kommen.

Viele Klienten reden beispielsweise ausgesprochen abwertend über reiche Menschen. Wahlweise sind das alles Kapitalisten oder reiche Bonzen oder was auch immer. Logisch, dass sich Geld hier nicht ansiedeln wird, man würde ja sonst Gefahr laufen, so zu werden, wie diese reichen Schnösel.

Eine einfache Lösung sind eigene, kleine Geldgespräche: Machen Sie Ihr Geld zu einer Person und reden Sie stellvertretend mit dem Geldschein wie mit der Person. Es funktioniert so, wie sie sich vielleicht auch schon in anderen Situationen in die Rolle einer anderen Person hineinversetzt haben. Wenn es hilft, können Sie Ihrem Geldschein auch einen Namen geben. Dann legen Sie diesen auf einen Stuhl neben sich. Sprechen Sie zunächst aus, was Sie über Geld denken. Dann setzen Sie sich auf den Stuhl und lassen sie das Gesagte aus der Perspektive des Geldes auf sich wirken. Ähnlich, wie wenn Sie dies einem Menschen gesagt hätten. Wir wirkt es, wenn Sie sagen: Nie bist Du da! Immer fehlst Du! Mit Dir habe ich meistens nur Ärger! In vielen Situationen machst Du mir schlechte Gefühle....

Wäre dies ein Mensch, er würde bei solchen Äußerungen nur die Flucht antreten. Und dabei hat Geld noch eine schlechte Eigenheit, die Sie von einer echten Person unterscheidet: Geld reagiert nur auf unsere Emotionen. Geld wird nicht auf Sie eingehen und Sie versuchen zu „retten".

Vielleicht können Sie bei einem Menschen, der Sie mag, darauf hoffen, dass dieser trotz der vielen negativen Äußerungen auf Sie eingeht und versucht, Ihnen zu helfen, positivere Gefühle zu entwickeln. Und da hätten Sie echt Glück gehabt. Mit Geld haben Sie dieses Glück nicht. Es reagiert auf unsere Gedanken und Gefühle. Wenn es sich wohl fühlt, dann bleibt es und es kommt noch ein bisschen was dazu. Wenn es sich abgelehnt fühlt, dann geht es wieder.

Leider zeigt sich in meiner Arbeit, dass die Veränderung bestehender Muster nicht immer ganz leicht ist. Manchmal halten sich negative Geldmuster sehr beständig und tauchen in immer neuen Formen auf. Es braucht Zeit, Ausdauer und Kreativität, um immer wieder Veränderungen in Gang zu setzen. Ich bin sehr froh über die Geldgespräche, an denen auch Monika teilgenommen hat, weil wir hier längerfristig miteinander reden und die teilnehmenden Frauen sich oft selbst und untereinander gut auf die Schliche kommen, wie sich gerade wieder nicht besonders förderliche Geldmuster ins Leben schleichen.

In unserem Blog Klunkerchen berichten die Frauen von ihren Erfahrungen. Monika hat sich als Nickname übrigens den schönen Namen Dagoberta ausgesucht, wir mussten alle sehr lachen, als sie uns diesen in der Runde präsentiert hat. Wir freuen uns, wenn Sie uns auf unserem Blog besuchen und an den Geldreisen von bisher drei Frauen teilhaben, die von ganz unterschiedlichen Positionen starten. Selbstverständlich werde ich auch immer wieder die einen oder anderen Selbstcoachingtipps teilen, damit auch Sie sich auf eine erfolgreiche Reise hin zu einem guten Geldbewusstsein machen können.

* * *

GEDANKEN EINES PRIVATIERS ZUR FINANZIELLEN FREIHEIT

Von Peter Ranning - der-privatier.com

Bevor ich etwas über meine Erfahrungen auf dem Weg zur finanziellen Freiheit erzähle, möchte ich mich kurz vorstellen.

Mein Name ist Peter Ranning, ich habe bis zum Alter von 56 Jahren als ganz normaler Angestellter in der IT-Branche gearbeitet. Ich habe dort zwar nicht schlecht verdient, aber auch ganz sicher kein Spitzen-Managergehalt bekommen, sondern war bis auf einige kurze Ausnahmen immer nach Tarif bezahlt. Ich bin in sehr bescheidenen Verhältnissen als Arbeiterkind in einer kleinen Mietwohnung aufgewachsen. Ich habe keine große Erbschaften gemacht, nicht im Lotto gewonnen und auch keine neue Erfindung als Ingenieur gemacht, mit der ich Millionen verdient hätte.

Im Grunde also ein sehr durchschnittlicher Lebenslauf, wie man ihn wohl millionenfach in Deutschland finden kann. Dennoch habe ich dann im Alter von 56 Jahren meinen Beruf und meinen Job freiwillig aufgegeben und lebe seitdem mit meiner Frau zusammen als Privatier.

Der Privatier

Das Wort "Privatier" ist ja etwas altmodisch, klingt ein wenig verstaubt oder auch versnobt. Man stellt sich gerne einen älteren Herrn vor, der in einem englischen Club sitzt, Pfeife rauchend und Tee trinkend, bevor er dann später eine Runde Golf spielen geht. Nun ja - bis auf den älteren Herren ist das Klischee ziemlich falsch. Aber im Grunde spielt es auch keine Rolle, denn das Einzige, was mit dem Wort "Privatier" zum Ausdruck gebracht werden soll, ist die Tatsache, dass ich (bzw. wir) ausschließlich von den eigenen Mitteln leben. Es gibt also kein Arbeitseinkommen, keine staatliche Unterstützung, weder private, noch gesetzliche Renten. Nichts.

Nur das eigene Kapital. Und die Erträge, die das Kapital abwirft. Und da sind wir dann auch schon bei meiner persönlichen Definition von "finanzieller Freiheit". Für mich bedeutet der Status der finanziellen Freiheit ganz einfach, dass ich und meine Frau nicht mehr arbeiten gehen *müssen*. Nicht mehr wertvolle und kostbare Lebenszeit damit vergeuden zu müssen, unser tägliches Brot zu verdienen. Nicht mehr Lebenszeit für Geld verkaufen zu müssen.

Finanzielle Freiheit

Für mich ein ungeheuer befreiendes Gefühl, auf das ich viele Jahre hingearbeitet habe und das ich sicherlich auch etwas später erreicht habe, als ich es mir eigentlich gewünscht hätte. Aber es ist eben einerseits nicht so ganz einfach dieses Ziel zu erreichen, andererseits bin ich trotzdem froh, dass ich diese Freiheit ungefähr 10 Jahre vor dem offiziellen Rentenalter erreicht habe! Immerhin zehn geschenkte Jahre, in denen ich (hoffentlich) gesundheitlich und geistig noch so fit und rege bleibe, dass ich das Leben mit all seinen schönen Seiten noch genießen kann.

Und spätestens jetzt wird sich jeder fragen, wie ich es denn nun angestellt habe, aus diesen oben als eher unspektakulär beschriebenen Einkommens-verhältnissen das nötige Startkapital für den Schritt in die finanzielle Freiheit anzusammeln.

Ich hätte auch ganz spontan eine Antwort auf diese Frage. Oder vielleicht zwei oder drei. Aber das wäre zu einfach!

Wann ist es genug?

Denn fast noch wichtiger als die Frage, wie ich zu meinem Kapital gekommen bin, ist eine ganz andere Frage. Und die ist noch viel schwieriger zu beantwor-ten. Sie lautet: Wie viel Kapital benötigt man denn für die finanzielle Freiheit? Oder: Wann ist es genug? Und diese Frage hat mich in wahrsten Sinne des Wortes jahrelang beschäftigt! Und das ist bereits die erste Erfahrung, die ich gerne weiter geben möchte: Wer nicht gerade plötzlich einen zweistelligen Millionenbetrag erbt, sondern sich die finanzielle Freiheit aus eigener Kraft erarbeiten will, der muss frühzeitig beginnen, sich über das Ziel und den Weg dahin Gedanken zu machen! Einen Plan zu erstellen. Einen möglichst ausführlichen Plan.

Einen Vorschlag, wie man einen solchen Plan recht einfach mit Excel beginnen kann und ihn dann nach und nach verfeinert, habe ich in meinem Buch „Gedan-ken eines Privatiers" und auch in meinem Blog unter dem Kapitel „Der Finanz-plan" beschrieben. Bei der Erstellung eines Finanzplans müssen recht viele Faktoren bedacht werden. Wenn jemand aus seinem Beruf ausscheidet, fängt dies evtl. mit einer Abfindung an und wie man sie möglichst vor der Steuer rettet, geht mit einer anschließenden Arbeitslosigkeit weiter. Nicht zu verges-sen Fragen zur Kranken-, Pflege- und Rentenversicherung (gesetzlich, privat oder auch staatlich gefördert: Riester, Rürup, etc.). Finanzamt, Steuern und Einsparmöglichkeiten im Alltag sind weitere Themen, die bedacht werden müssen.

Denn alle diese Faktoren bestimmen ganz individuell und eben für jede Lebenssituation ganz unterschiedlich, wann es „genug" ist. Wann das nötige Kapital für den Rest des Lebens reicht. Hier ist wirklich intensives Rechnen und Überlegen erforderlich. Einige Anregungen dazu habe ich in den Beiträgen zum Finanzplan in meinem Blog aufgeschrieben. Dort kann man übrigens auch das Ergebnis meines eigenen Finanzplanes einmal ansehen.

Das Kapital

Aber alles Nachdenken und Rechnen hilft nichts, wenn das Kapital fehlt! Und wo soll es denn nun herkommen?

Aus meiner Sicht und den Erfahrungen der letzten Jahre waren es bei mir im Wesentlichen drei Faktoren, die mir geholfen haben, mein persönliches Startkapital für die finanzielle Freiheit zusammen zu bekommen:
- Lebensstil
- Investitionen in Wertpapieren
- Mut zum Risiko

Es würde hier wohl den Rahmen sprengen, wenn ich die drei Punkte hier ausführlich erläutern würde. Auf meinem Blog und in meinem Buch habe ich diese Punkte etwas ausführlicher erläutert. Aber ganz kurz möchte ich doch hier etwas dazu schreiben:

Lebensstil

Der wohl wichtigste Punkt ist der, dass man sich nicht von einem gewissen Konsumdruck beeinflussen lässt, der einem durch Werbung, aber noch mehr durch seine Mitmenschen aufgedrängt wird. Eltern werden das von ihren Kindern kennen, die schon in der Schule als Außenseiter abgestempelt werden, wenn sie nicht die angesagte Schultasche, die teuren Marken-Klamotten oder das neueste Handy oder Notepad aufzuweisen haben.

Und das hört ja mit der Schule nicht auf! Bei Männern sind es später aktuelle Techniktrends bei Computern, Handys, Digitalkameras oder Musikanlagen. Bei Frauen vielleicht mehr Schmuck, Kleider, Schuhe usw.. Männer wie Frauen messen sich gerne unter Bekannten und Freunden bei Haus oder Wohnung, der Einrichtung, Anzahl und Größe der Autos, spektakulären Urlaubsreisen usw.

Wer es hier schafft, sich eine gewisse Unabhängigkeit von der Meinung seiner Mitmenschen zu erarbeiten und zu bewahren, hat schon einen Riesenvorteil. Und wer dann auch noch für sich selber beschließt, dass man auch mit dem vorletzten Handy-Modell sämtliche Funktionen ausführen kann und dies vielleicht auch noch die nächsten paar Jahre und dass ein Auto für 20.000 Euro einen genau so weit bringt, wie eines für 60.000 Euro, der ist auf dem richtigen Weg.

Investieren

Mit dem richtigen Lebensstil bleibt beinahe zwangsläufig einiges an finanziellen Mitteln übrig, die man jetzt aber eben nicht in das nächstgrößere Auto oder die aktuelle Küche stecken sollte, sondern möglichst sofort und regelmäßig für Investitionen nutzen sollte. Es gibt sicher viele Ansätze dies zu tun. Ob es nun Immobilien, Edelmetalle, Kunst oder eben Wertpapiere sind.

Ich selber habe von meinen allerersten Gehältern, die ich bekomme habe, sofort die ersten Aktien gekauft. Und dies über all die vielen Jahre beibehalten. Wertpapiere wie Aktien haben langfristig eine gute Rendite, sind sehr einfach zu kaufen und zu verkaufen und benötigen keinen großen Verwaltungs- oder Pflegeaufwand. Was vielen nicht so klar ist: Letztlich sind Aktien Sachanlagen, d.h. sie sind auch weitgehend vor einer evtl. Inflation geschützt. Für mich gibt es keine bessere Anlagemöglichkeit!

Mut zum Risiko

Die letzte Erfahrung wird sicher mancher so nicht unterschreiben wollen. Dennoch bin ich davon überzeugt, dass für einen Erfolg auch immer ein gewisses Risiko vonnöten ist. Wer nichts wagt, gewinnt auch nichts. Und „Risiko" ist natürlich auch immer relativ. Für viele konservative Sparer bedeutet ja schon der Kauf einer DAX-Aktie ein Risiko, was sie nachts nicht schlafen lässt. Denn der Kurs der Aktie könnte ja morgen geringer sein...

Ich bin der Überzeugung, dass man es mit einer hohen Sparquote (siehe Lebensstil) alleine kaum schaffen wird, das nötige Kapital für die finanzielle Freiheit zusammen zu bekommen. Genau so schwierig wird es aber auch mit Dividenden-Renditen von max. 5% netto pro Jahr. Beides zusammen genommen, also Sparquote und Rendite kann vielleicht zum Ziel führen, aber es dauert lange.

Und darum sehe ich es als erforderlich an, eine gewisse Bereitschaft zum Risiko aufzubringen. Das könnten im Bereich der Wertpapiere z.B. Aktien von Firmen sein, denen es gerade nicht so gut geht oder deren Aktien stark gefallen sind. Oder den Horizont etwas zu erweitern und den Blick auf Emerging Markets oder Hochzinsanleihen zu richten. Wer es noch abenteuerlicher mag, kann sich auch mal mit Optionen, Optionsscheinen oder Zertifikaten befassen. Je höher das Risiko, desto höher auch der mögliche Gewinn. Es sehr schönes

(und leider seltenes) Beispiel dazu habe ich auch in meinem Blog in dem Beitrag „1.000% Gewinn" beschrieben.

Allerdings - und das soll hier nicht vergessen werden: Man muss sich auch auf
Misserfolge einstellen und diese auch aushalten können!

Fazit

Ich kann nur jedem, der das Ziel hat, irgendwann seine finanzielle Freiheit zu
erreichen, raten:
- So früh wie möglich beginnen, zu investieren
- sich nicht dem Konsumdruck zu beugen, sondern
- nur die Dinge zu konsumieren, die einem wirklich selber wichtig sind
- etwas Risiko einzugehen
- und einen Finanzplan-Plan zu erstellen, aus dem das Ziel zu erkennen
  ist.

Und zum Abschluss kann ich nur jedem Leser ganz viel Erfolg für den eigenen
Weg wünschen.

* * *

DIVIDENDEN HAMSTERN UND FINANZIELLE FREIHEIT ERLANGEN
Vom Dividendenhamster Henry – www.dividendenhamster.de

Zunächst einmal ein dickes DANKE an Monika, dass sie mir ermöglicht in
ihrem tollen und sehr authentischen Buch zur Dir über das Thema „Finanzielle
Freiheit erreichen" sprechen zu dürfen.

In der heutigen Zeit scheinen viele Mitglieder der Gesellschaft aufzuwachen,
um nicht mehr „Zeit gegen Geld" tauschen zu müssen. Ziel ist es ein passives
Einkommen zu bilden, um mehr Zeit für Dinge zu gewinnen, die man gerne
macht. Auch mehr Zeit für die Familie zu haben, ist für viele Menschen in der
heutigen Hochleistungs- und Informationsgesellschaft immer wichtiger geworden.

Laß uns nun aber geradewegs zum Thema „Finanzielle Freiheit erreichen"
kommen. Die Welt und erfolgreiche Menschen zeigen uns immer wieder, dass
es unzählige Möglichkeiten gibt, finanzielle Freiheit zu erreichen. Das Dividenden-Investieren des Dividendenhamster's ist nur eine Möglichkeit von vielen,

allerdings treffen folgende Prinzipien auch auf andere Themenbereiche zu. Wandle sie für Dich ab und schaffe Dir eine "Leitplanke" zur Erreichung Deiner finanziellen Freiheit.

Hier nun meine 7 Prinzipien, die ich als Dividendenhamster anwende:

1. Habe eine Vision und Mission, die Dich motiviert und erfüllt (SEIN-TUN-HABEN)

Jeder Mensch hat unterschiedliche Werte und Voraussetzungen. Dabei ist das Hauptziel sicherlich, daß man seinen IST-Zustand permanent verbessern will. Um vorwärts zu kommen ist es wichtig, erst einmal sich selbst zu reflektieren, seine Werte im Leben abzuklären, um dann seine „große" Lebensvision zu entwerfen.

Hierbei hat mir die Formel des SEIN-TUN-HABEN geholfen. Laß mich Dir diese Formel kurz erklären. Alles beginnt mit dem SEIN. Das SEIN kannst Du auch so übersetzen, dass Du Dir erst einmal vorstellst, wer oder was Du sein möchtest.

Was für ein positives Bild willst Du von Dir haben oder wie möchtest Du von anderen Menschen wahrgenommen werden. Möchtest Du eine (Hamster-) Familie haben, wo möchtest Du wohnen, was für ein Auto fahren, möchtest Du reisen und anderen Menschen helfen...? Was ist also Deine „innere Stimme", die Dich motiviert und die Dir hilft ins Handeln und TUN zu kommen. Denke einmal darüber nach.

Damit sich das SEIN „materialisieren", also in der sichtbaren Welt erscheinen kann, musst Du etwas dafür TUN. Du musst aktiv werden, etwas in Bewegung setzen, einen Plan entwerfen und Dich an diesem lang hangeln, bis Du Dein Ziel erreicht hast und ernten kannst.

Das Ernten kannst Du dann auch als Haben übersetzen. Letztlich erntest Du Deine Gedanken, die Du aktiv mit Handeln und Tun umgesetzt hast.

Für manch einen klingt das vielleicht etwas esoterisch, aber im Endeffekt ist das der Lauf des Lebens, der Entwicklung, des Fortschritts und letztlich der Zielerreichung einer „finanziellen Freiheit".

An Hand des Dividendenhamster's und ...zig anderen Dividenden-Investoren möchte ich Dir bildhaft zeigen, wie so ein Ziel im Bereich der Finanziellen Freiheit mit Dividenden aussehen kann.

Dividendenhamster Henry hat die Vision etwas für seine Hamsterfamilie zu tun. Nachdem er seinen Bau eingerichtet hat, stellt er sich vor, dass es seiner Hamsterfamilie gut gehen soll. Er träumt (SEIN) davon Dividenden zu hamstern, um immer mehr Zeit mit seiner Familie verbringen zu können. Außerdem hat er vor, wenn er einmal alt und grau geworden ist, sein Dividenden-Depot seinen Hamsterkindern zu vermachen. Sie sollen es zukünftig einfacher haben, indem er in ihnen nicht nur seine Erkenntnisse zu Finanzen vermittelt, sondern auch gleich die Grundlage eines Dividenden-Depots mit gibt.

Er kommt ins Handeln (TUN) und entwirft einen Plan. Jeden Monat legt er einen Teil seines Einkommens zur Seite. Dabei beginnt er mit seiner 3-Teile Hamster-Strategie. 1/3 Aktien (Dividenden/Trendfolger) 1/3 in Cash und als große Hamsterfamilie nimmt er das letzte Drittel für Spaß und Fun. Je nach Lebens- und Einkommenssituation verändert er das Investitions- und Cash-Verhältnis. Auch kann es sein, dass sich übermäßig Cash angesammelt hat, das er bei interessanten Börsensituationen investiert.

Da der Dividendenhamster ja nicht nur auf seinen Tod wartet und das Leben mit seinen Hamsterkindern auch jetzt schon erleben will, erntet er bereits einen Teil seines Zusatzeinkommens, um mit seiner Familie zu reisen und Spaß zu haben. (ERNTEN)

Wie sieht Deine Vision, Dein Lebensplan mit der entsprechenden Umsetzung aus?

2. Setze Dir ein schriftliches Ziel mit Terminierung und erstelle Dir einen schriftlichen Plan mit Erfolgskontrolle

Auch ich habe immer darüber geschmunzelt, wenn ich gelesen habe, einen schriftlichen Plan zu erstellen. Vielleicht klingt es auch für Dich, wie für mich damals, albern. Wenn Du nicht viele Dinge umsetzt, ist das aber ein unbeding-tes „ToDo", was Du wirklich nutzen solltest. Ich habe mir in der Zwischenzeit sogar für jedes Jahr ein kleines Notizbuch gekauft und schreibe mir die Ziele für das nächste Jahr auf. Wenn Du das ebenfalls machst, kannst Du nach eini-gen Jahren immer wieder einmal bspw. Dein Ziele-Buch 2009 zur Hand nehmen und schauen, wie sich alles bis zum heutigen Tag entwickelt hat.

Wichtig ist, dass Du rückwärts, also vom Ziel aus, planst und man große Ziele in kleinere umwandelt. Als Dividendenhamster wirst Du ja auch nicht einen ganzen Elefanten auf einmal essen, sondern Biß für Biß...Sorry an die Elefanten ihr zählt ja gar nicht zu meiner Lieblingsspeise.

3. Finde Deine persönliche Strategie und fokussiere Dich

Nicht für jeden ist das Dividenden-Investieren das Richtige. Es gibt eine Menge anderer Börsenstrategien oder Möglichkeiten „Passives Einkommen" zu schaffen. Aktien, Immobilien, Lizenzen, Offline- und Online-geschäftstätigkeiten...

Als Dividendenhamster liebe ich die Börse und bin fokussiert auf die Trendfolge und das Dividenden „hamstern". Auch Internetbusiness zählt zu den Dingen, die ich als Dividendenhamster „feiere".

Wichtig bei der Vielzahl der Möglichkeiten ist es, dass man fokussiert bleibt. Klar kann man viele Dinge ausprobieren, testen und immer wieder neu erfinden. Aber irgendwann muss man mal auf den Punkt kommen. Über das Ausprobieren hat man die Möglichkeit zu schauen, was einem liegt und was man lieber zur Seite legt. Das was man tut, sollte man lieben und mit Leidenschaft machen, ansonsten wird man die Lust verlieren und nicht mehr motiviert sein. Außerdem wird man die Dinge nicht richtig gut machen, wenn man sich um unzählige Dinge kümmert.

Auch ich als Dividendenhamster habe früher immer und alles machen wollen. Später habe ich mich auf die Dinge konzentriert, die mir gut gelungen sind, ich Erfolg hatte und auch die gehörige Leidenschaft verspüre.

Im Internet-Business habe ich auch meine Lektion gelernt. Nicht, dass ich als Hamster Geld verdienen will, interessiert andere Menschen, sondern wie sie selbst weiter kommen und wo sie was lernen können. Ich habe also gelernt, dass man erst Menschen einen Nutzen, Mehrwert liefern muss und Vertrauen und Sympathie aufbauen muss. Erst dann ist man auch bereit Geld auszugeben. Ich denke, da sind wir uns ähnlich, oder?

4. Sei effektiv mit der Pareto 80/20 Regel

Bei allen Dingen die man umsetzt, macht es Sinn sich nach einer Weile auf die Dinge zu konzentrieren, die effektiv sind und zum Erfolg führen. Hierzu nutze ich die Pareto 80/20 Regel, die mir zeigt, mit welchen 20% meiner Tätigkeiten ich 80% des Erfolgs realisiere. Wenn auch Du diese Regel anwendest, wirst auch Du effektiv und fokussiert arbeiten können.

Diese Regel in der Anwendung bedeutet auch, dass man die nicht nutzbringenden Tätigkeiten weg lassen kann.

Setzt man sich erst einmal mit dieser Regel tiefer auseinander, kann man sie in fast allen Lebensbereichen finden. Auf das Dividenden-Investieren bezogen kann man feststellen, dass beispielsweise 20% der Dividenden-Aktien für 80% der Dividenden zuständig sein werden. Oder wie ich es auch schon oft bei meinem Trend-Aktien-Depot gesehen habe, dass 20% der Trendaktien die großen Gewinne einfuhren und die anderen 80% sich aufteilten in Seitwärtsbewegungen mit geringen Gewinnen und der Rest mit Verlusten.

Da man aber nie ganz genau weiß, welche der Aktien die 20% der Gewinner sein werden, sieht man das natürlich nur im Nachhinein.

Als Dividendenhamster habe ich meinen Fokus und Erfolg bei der Trendfolge und dem Dividenden-Investieren gefunden. Während ich früher schnell reich werden wollte, indem ich alles tradete was mir unter die Hamsterpfoten kam, wähle ich heute bedachter die Aktien aus. Auch den Zeitrahmen habe ich für meine langen Investments auf Wochen-und Monatschart verlegt. Wird man halt langsamer, gemächlicher und ruhiger reich, dann hat man länger was davon.

5. Lerne von den Menschen, die bereits das Ziel erreicht haben

Dieser Grundsatz ist Gold wert. Suche Dir Leitbilder, die bereits das erreicht haben, was Du erreichen willst. Analysiere sie, ihre Tätigkeiten, ihr Denken und nutze es für Dich. Nur, wenn Du von den besten der Besten lernst, wirst Du einen Weg der Abkürzung zu Deinem Erfolg finden.

Du musst nicht alles selber durchmachen, nutze die Fehler und Erfahrungen anderer Menschen für Dich.

6. Das (Er-) Leben findet schon vor der Rente statt

Im Eifer des (Börsen-) Gefechts, des Berufs, der Selbstständigkeit und generell bei Geschäftstätigkeiten will ich Dir zum Schluss noch unbedingt zurufen:

Das (Er-) Leben findet schon vor der Rente statt

Nicht das wir uns falsch verstehen, ich lege wert auf eine langfristige Planung. Wir alle wollen sicherlich alt und fit ins hohe Alter kommen. Allerdings habe ich Menschen kennengelernt, die so verbohrt in ihre Ziele im Rentenalter waren und es nicht bis zur Rente geschafft haben.

Auf dem Weg zur Rente, durch die Ablenkungen im Alltag, die Hektik im Geschäftsleben haben sie vergessen zu leben. Was wollten sie alles später machen und haben es nie getan.

Aus diesem Grund habe ich zum Glück bereits im Alter von 26 Jahren mitbekommen, dass es keinen Sinn bringt nur Geld auf dem Konto anzuhäufen und nur dem Geld nachzujagen. Im Nachgang gesehen war das eine weise Entscheidungen. Es gab zwischenzeitlich Währungsreformen, Finanzkrisen und andere Widerlichkeiten seitens der Politik gegenüber den Anlegern. Aus diesem Grund behalte Dein Leben in Balance, geniesse es, tue Dir und anderen Menschen etwas Gutes und ERLEBE das Leben auch im JETZT. Geld auf dem Konto ist sehr unemotional und erwacht erst zum Leben, wenn man es ausgibt oder mit anderen Menschen etwas damit unternimmt.

7. Zögere nicht, beginne innerhalb der nächsten 72 Stunden

Ich glaube, dass ich diese Regel auf einem Seminar von Bodo Schäfer gehört hatte, wo ihn noch keiner kannte. Aber es steckt viel Wahrheit darin. Wir werden permanent abgelenkt von Medien, Werbung, Alltagsproblemen, dass vieles was wir uns vornehmen wollen, nie das Licht der Welt erblickt. Aus diesem Grund zögere nicht, sondern handle jetzt.

Viel Erfolg bei Deinem Weg zur finanziellen Freiheit und den Dividenden-Investoren immer eine glückliche Pfote beim „Dividenden" hamstern wünscht Dir der Dividendenhamster Henry.

* * *

SIEBEN TIPPS ZUM ERREICHEN DEINER FINANZIELLEN FREIHEIT
Vom Finanzrocker Daniel Korth – www.finanzrocker.net

Den Anfang meines Weges markiert ein Verlust. Ein hoher Verlust. Zu dem Zeitpunkt hatte sich mein Vermögen halbiert. Ein flaues Gefühl im Magen war die Folge. Ich wusste ehrlich gesagt nicht, wie es so weit kommen konnte und war ziemlich verzweifelt.
Mittlerweile weiß ich sehr genau, warum ich erst einen Schuss vor den Bug benötigt habe, um mich selbst um mein sauer verdientes Geld zu kümmern.

Das Prinzip hinter dem eigenen Vermögensaufbau ist so einfach wie das Geld verdienen im Job. Zumindest wenn Du Dich ein wenig näher damit beschäftigst. Wenn Du Geld verdienen willst, musst Du arbeiten. Du willst aufsteigen und mehr Geld verdienen? Dann musst Du Dich weiterbilden und Argumente dafür sammeln. Oder Dein Wissen vertiefen, um mehr Tipps und Tricks kennenzulernen. Solltest Du über eine Jobvermittlung, einen Job erhalten, zahlst Du in Form eines geringeren Gehaltes dafür.

Bei der Geldanlage und dem individuellen Vermögensaufbau ist es wirklich genauso. Kümmert sich jemand anderes um die Geldanlage, musst Du initial und jedes Jahr Geld dafür bezahlen. Das wird automatisch von Deiner Rendite abgezogen. Wenn Du mehr Geld an der Börse verdienen willst, musst du Dich weiterbilden. In welcher Form musst Du selbst entscheiden. Es fängt mit informativen Blogartikeln an, geht über Finanzmagazine und hört auf bei umfangreichen Büchern. Mit relativ wenig Aufwand kannst Du Dich umfassend weiterbilden und mit Grundlagen gestärkt als Investor loslegen.

Folgende Tipps solltest Du beim eigenen Vermögensaufbau beherzigen:

1)   Dokumentiere Deine Ausgaben

Du solltest wissen, wie viel Du im Monat ausgibst – und wie viel davon am Ende für das Sparen übrig bleibt. Ob Du das per Haushaltsplan, über eine App oder eine Software machst ist dabei vollkommen egal. Hauptsache Du kannst abschätzen, welche Sparsumme Du Dir monatlich leisten kannst.

2)   Lebe nicht über Deine Verhältnisse

Das klingt jetzt verdammt einfach. Aber Millionen Deutsche halten sich nicht daran. Null Prozent Finanzierung, ein dickes Auto oder der Kredit für eine eigene Immobilie erschweren den Aufbau eines Vermögens. Wenn Du mit Deinem Geld über der schwarzen Null bleibst und den Rest sparst, hast Du den Anfang gemacht.

3)   Spare regelmäßig

Monatlich oder vierteljährlich über einen Sparplan Geld zurückzulegen, ist sehr wichtig. So profitierst Du von steigenden und fallenden Preisen und brauchst Dir keine Sorgen zu machen, zum falschen Zeitpunkt eingestiegen zu sein.

4)   Gewinne Sicherheit

Ok, 5 Euro für das Phrasenschwein sind garantiert, aber es ist trotzdem noch nie ein Meister vom Himmel gefallen. Am Anfang wirst du an der Börse ängstlich, zurückhaltend und wahrscheinlich auch viel zu aktiv agieren. Aber mit der

Zeit und mit mehr Wissen läuft es viel ruhiger. Du gewinnst immer mehr Sicherheit und agierst dann wesentlich abgeklärter.

5)   Bau Dir eine Rücklage auf

Tages- und Festgeld sind als Rücklage ein absolutes Muss. Hier kommst Du jederzeit ran und es eignet sich perfekt für das Ansparen für den Urlaub, Ausgaben für das Auto oder unvorhergesehene Probleme. Der Richtwert sind drei Monatsgehälter, die Du immer griffbereit haben solltest.

6)   Diversifiziere Dein Vermögen

Das A und O des Vermögensaufbaus! Streue Dein Geld breit in ETFs, Anleihen, Tagesgeld, Rohstoffe oder auch Privatkredite. Dann stehst Du im Falle einer Krise nicht mit einem halben Vermögen da. Auch wenn Aktien fallen sollten, bedeutet das nicht, dass andere Assetklassen auch fallen. Im Gegenteil.

7)   Kümmere Dich selbst um Dein Vermögen

Gebe Dein Vermögen nicht aus der Hand, sonst machen das andere für Dich. Egal ob Bankberater, Freunde oder Familie – keinem wird der Verlust des Geldes so weh tun, wie Dir selbst. Und wenn Du Dein Geld in Fonds oder Versicherungen Deiner Bank steckst, zahlst Du hohe Gebühren dafür. Deshalb: Mach Dich schlau und investiere selbst. Nur dann kannst Du ein stetig wachsendes Vermögen aufbauen.

Mein halbiertes Vermögen hat sich mittlerweile vervielfacht, aber der frühere Verlust tut mir immer noch weh. Denn er war absolut unnötig. Hätte ich mich selbst um mein Geld gekümmert, wäre das nicht passiert.

Deshalb beherzige ich meine sieben Tipps selbst und habe ich im März 2015 einen Finanzblog gegründet, auf dem Du alles rund um Finanzen lesen kannst. Auf www.finanzrocker.net zeige ich Dir darüber hinaus, wie Du individuell Dein Vermögen aufbaust. Die Themenpalette ist breit gestreut: Geldanlage, Rente, Immobilien, Humankapital und noch einiges mehr.

Von Anfang an wollte ich eine Plattform schaffen, die Leuten das Thema Finanzen auf eine etwas andere Art und Weise vermittelt. Deshalb habe ich meine beiden wichtigsten Hobbies, Musik und Finanzen, zusammengepackt, umgerührt und aus dem Ergebnis einen Blog erstellt.

Das Ergebnis war wie bei der Geldanlage. Denn wenn Du Dich ernsthaft mit einem Thema beschäftigst, wirst Du relativ schnell Erfolge feiern können. Ich habe nach vier Monaten einen Award als Finanzblog des Jahres erhalten. Parallel dazu gehört mein Finanzrocker-Podcast mittlerweile zu den erfolgreichsten Wirtschaftspodcasts in Deutschland.

Ohne meinen immensen Verlust wäre ich diesen Weg niemals gegangen. Jetzt weiß ich aber wie wichtig ein vernünftiger Vermögensaufbau ist und möchte ihn mit Dir teilen. Wann beschreitest Du diesen Weg?

* * *

PASSIVES EINKOMMEN GENERIEREN UND FINANZIELLE UNABHÄNGIGKEIT ERREICHEN

Lars Hattwig von Finanziell umdenken! – http://finanziell-umdenken.blogspot.de/

Der Blog „finanziell umdenken!" soll möglichst viele Menschen wachrütteln, die sich ihrer derzeitigen finanziellen Situation nicht bewusst sind und den Ernst unserer zukünftigen gesellschaftlichen Entwicklung nicht erkennen.

Viele Menschen gehen täglich ihrer Arbeit nach und merken nicht, wie abhängig ihr ganzes Leben von den Einkünften eines einzigen Arbeitgebers ist. Selbst wer seine Erwerbstätigkeit bis ins hohe Alter sichern kann, wird selten durch die Einkünfte des Arbeitgebers wohlhabend und finanziell unabhängig. Ohne vorherige umfangreiche private Vorsorge droht anschließend vielen Ruheständlern die Altersarmut, denn der demographische Wandel in Deutschland führt zukünftig zwangsläufig zu drastischen Kürzungen der Sozialleistungen. In vielen Fällen droht jedoch bereits in einem Alter von 50 Jahren die Arbeitslosigkeit, als eine Folge des knallharten Wettbewerbs in einer globalisierten Welt und des neuen schnelllebigen Informationszeitalters. Denn zukünftig wird das wirtschaftliche Wachstum weniger in den Industriestaaten, sondern zunehmend in den heutigen Schwellenländern stattfinden. Gleichzeitig werden sich Arbeitsbedingungen in immer schnelleren Zyklen ändern, auf die sich Menschen mehrfach in ihrem Arbeitsleben anpassen müssen, um im Beruf weiter benötigt zu werden.

Es geht aber nicht nur um die Vermeidung einer eigenen negativen Entwicklung in eine Sackgasse, sondern darum seine eigene Persönlichkeit frei entfalten zu können. Vollständige Freiheit wird im Laufe eines Lebens nur derjenige erreichen, bei dem Geld kaum eine Rolle mehr spielt. Richtig unabhängig ist, wer die freie Wahl hat, sich dort aufzuhalten, wo es ihm am besten gefällt.

Ein zentrales Thema auf meinem Blog ist das Erschließen von Einkommensquellen, bei denen nicht ständig Arbeitszeit gegen Geld getauscht werden muss. Nur wer im Laufe des Lebens passive Einkommensquellen erzeugen wird, kann aus dem Hamsterrad der Abhängigkeit von seiner aktiven Arbeitskraft entkommen und finanzielle Freiheit erreichen. Dabei schauen wir ziemlich stark auf den Aktienmarkt. Es gibt heutzutage einfache und kostengünstige Möglichkeiten für Privatanleger mit Aktien-ETFs ganze Märkte abzudecken. Wer verinnerlicht, dass Aktien als langfristige Geldanlage zu verstehen sind und den Fokus auf regelmäßige Dividendenzahlungen legt, wird die Angst vor zwischenzeitlichen Kursschwankungen verlieren.

Der Weg zur finanziellen Unabhängigkeit lässt sich mit folgenden Punkten zusammenfassen:

Weniger Geld ausgeben als eingenommen wird

Die wichtigste Grundregel beim Umgang mit Geld wird von etlichen Menschen nicht beachtet. Wer dauerhaft über seinen finanziellen Verhältnissen lebt und sich verschuldet, steuert sicher auf den Abgrund zu. Geld zu sparen bedeutet nicht nur ein Polster für Notfälle zu haben, sondern auch Grundkapital, um Investments eingehen zu können. Konsumschulden sind generell zu vermeiden.

Ersparnisse renditestark investieren

Es gibt Menschen, die sechsstellige Eurobeträge auf dem Tagesgeldkonto herumliegen haben und merken gar nicht, dass es dort langsam, aber stetig vernichtet wird. Historisch betrachtet hat eine Investition in den globalen Aktienmarkt eine mittlere jährliche Rendite von 8% erzielt. Und das trotz zweier Weltkriege, Weltwirtschaftskrisen und anderen Katastrophen in den letzten 150 Jahren. Es gibt gute Gründe anzunehmen, dass mit Aktien eine ähnliche Rendite auch zukünftig zu erzielen ist.

Fokus auf passives Einkommen legen

Oft wird nur auf die Höhe eines Geldvermögens geschaut. Viel praktischer ist es den Fokus auf regelmäßige Einnahmen zu legen, die selbst ohne eigene Arbeitskraft weiterfließen. Dazu gehören Dividendenzahlungen von Aktien, Mieteinnahmen von Immobilien, aber auch Tantiemen von digitalen Produkten, die im heutigen Informationszeitalter viel einfacher zu erstellen sind, als früher. Sobald das passive Einkommen die eigenen monatlichen Ausgaben übersteigt, hat man finanzielle Unabhängigkeit erreicht.

Nicht nur sparen, sondern nach weiteren Einnahmen suchen!

Sparen ist zwar notwendig, um nicht alles Geld wieder auszugeben. Aber das Sparpotenzial ist irgendwann begrenzt, um noch ein einigermaßen angenehmes Leben zu führen. Mindestens genauso wichtig ist es auf zusätzliche Einnahmenquellen zu schauen, denn hier ist das Potential, insgesamt mehr Geld zur Verfügung zu haben wesentlich größer. Das Internet und die dort angebotene Infrastruktur bieten dazu heutzutage vielfältige Möglichkeiten dieses auch nebenberuflich zu nutzen.

Im Arbeitsleben flexibel bleiben

Eine Ausbildung oder ein Studium zu absolvieren und ein Leben lang bei einem Arbeitgeber zu bleiben, das war zwar früher üblich, wird jedoch immer mehr zum Auslaufmodell. Die Methoden und Arbeitstechniken verändern sich in immer kürzeren Zyklen und darauf müssen sich Arbeitnehmer einstellen. Andernfalls landen sie auf einem Abstellgleis oder verlieren ihren Job. Heutzutage wird immer mehr gefordert, sich ein Leben lang weiterzubilden. Das steigert nicht nur den eigenen Marktwert im Beruf, sondern erlaubt es bis ins hohe Alter selbstbestimmt aktiv zu bleiben.

* * *

KÜMMERE DICH UM DEIN EIGENES GELD
Von Linda Benninghoff – www.mymoneymind.de

Als Monika mich gefragt hat, ob ich für ihr Buch ein Kapitel schreiben möchte, habe ich spontan gedacht: „Was soll ich denn im Buch einer Millionärin? Da bin ich vollkommen falsch!" Schließlich habe ich einen Haufen Schulden an der Backe und befinde mich noch bis 2016 in der Privatinsolvenz.

Allerdings habe ich in der Vergangenheit einiges durch meine Fehltritte gelernt, dass ich Ihnen nicht vorenthalten will.

Ein angenehmes Leben in finanzieller Abhängigkeit

Was ist passiert? Als ich 30 Jahre alt war, habe ich meinen ersten Ehemann kennengelernt. Ich bin zu ihm in eine andere Stadt gezogen, habe meinen Job aufgegeben und bin mit ihm zusammengezogen. Da er nicht schlecht verdient hat, war es nicht notwendig, dass ich mich reinhänge, einen neuen Job zu finden. Ich hab`s mir also gut gehen lassen. Das Leben in dieser Zeit war angenehm. Wir haben nicht im Luxus gelebt, aber es war genug Geld da.

Dann haben wir ein Haus gekauft. Beziehungsweise er wollte ein Haus kaufen und ich habe zugestimmt. Eigentum war nie mein Traum. Ich bin froh, wenn ich zur Miete wohne, frei bin und mich bei Problemen an den Vermieter wenden kann. Trotzdem habe ich meine Unterschrift unter den Kaufvertrag gesetzt. Heute frage ich mich, warum ich das gemacht habe. Ich war sozusagen Hausfrau und hatte kaum Einkommen. Auch ohne meine Unterschrift hätte mein Mann ohne Probleme die notwendigen Kredite bekommen. Während ich diesen Beitrag schreibe, frage ich mich, ob ich mich überreden lassen habe, ob mich jemand vor den Konsequenzen gewarnt hat oder ich als gute Ehefrau einfach gedacht habe, dass „man das so macht". Wahrscheinlich letzteres. Ich weiß es nicht mehr.

Plötzlich hatte ich einen Haufen Schulden
Geschehen ist geschehen.

Wir hatten die Sanierung des Hauses noch nicht einmal abgeschlossen, als bei meinem Mann Krebs diagnostiziert wurde. Noch im gleichen Jahr ist er gestorben. Ich war 37 Jahre alt und stand nun da: Kein Einkommen, das Haus nur halb fertig renoviert und nicht finanziell abgesichert, wie sich schnell herausgestellt hat. Von heute auf morgen war ich hoffnungslos verschuldet.

Also: Privatinsolvenz.

Kurz vorher hatte ich mich als Texterin selbstständig gemacht und verdiente mein eigenes Geld. Nicht viel, aber es hat gereicht. Zumindest meistens, gelegentlich musste ich mir Geld leihen, wenn größere Rechnungen fällig wurden. Ich war also immer noch finanziell abhängig.

Von 2010 bis 2014 fand mein Leben so statt wie auch zuvor. Ich bin irgendwie über die Runden gekommen und letztendlich ist es vor sind hingeplätschert. Ich war nicht aktiv und habe mein Leben nicht verantwortungsvoll in die Hand genommen.

Durchs Bloggen ändert sich mein Leben

Im Oktober 2014 habe ich angefangen zu bloggen. Mein Thema war anfangs noch ein anderes, aber innerhalb der nächsten Monate hat sich schnell herausgestellt, dass das Thema Geld für mich eine wichtige Rolle spielt und ich noch mehr darüber schreiben will.

Also wurde das Erreichen der finanziellen Unabhängigkeit mein Thema, mit dem ich vor allem Frauen erreichen will. Durch den Blog und den Kontakt zu anderen Bloggern bin ich schnell mit Persönlichkeitsentwicklung in Kontakt gekommen. Die Themen Glaubenssätze, Selbstwert und Dankbarkeit drängten sich dabei immer wieder in den Vordergrund.

Ich habe zum Beispiel gemerkt, dass mich viele Glaubenssätze zurückhalten. „Für sein Geld muss man hart arbeiten", „Das können wir uns nicht leisten" oder „Geld verdirbt den Charakter" sind Sätze, die ich aus meiner Kindheit durchaus kenne. Auch wenn Sie es nicht glauben: Überlegen Sie einmal, welche solcher Sätze Sie in Ihrem Leben begleiten und zurückhalten. Oft sind es mehr, als Sie denken.

Das hat dazu geführt, dass ich mich in der Vergangenheit nie mit Geld auseinandergesetzt habe. Wozu auch? Es war für mich negativ besetzt, da denke ich lieber nicht dran. Mein Leben ist vor sich hingeplätschert, ich hatte immer einen Job, ausreichend Geld und war irgendwie zufrieden.

Meine Finanzen in die Hand nehmen

Heute weiß ich aber, dass es auch anders geht! Mit meinem Blog will ich Sie und andere Frauen ermuntern, Ihre Finanzen selbst in die Hand zu nehmen. Ich habe angefangen, Ordnung in meine Finanzen zu bringen. Mit meinem Blog baue ich meine Selbstständigkeit weiter aus, entwickle Online-Kurse, um passives Einkommen zu bekommen. Ich will erfolgreich sein und viel Geld verdienen. Ich habe die Schnauze voll davon, mir immer Sorgen machen zu müssen, ob ich meine Rechnungen bezahlen kann. Ich will in den Urlaub fahren, wenn ich Lust dazu habe – und wohin ich will. Und wenn ich ein paar coole Sneaker sehe, kaufe ich sie mir. Ganz einfach.

Mein Leben ist jetzt reichhaltiger

Ich bin zwar noch lange nicht an meinem Ziel, aber trotzdem hat sich in den vergangenen Monaten viel getan in meinem Leben. Ich habe gemerkt, dass ich nicht nur ein Problem mit Geld habe, sondern an meinem Selbstwertgefühl arbeiten muss. Nur wenn ich weiß, wie viel ich wert bin und das Leben im Überfluss stattfinden kann, ziehe ich Geld an und kann es halten.

An dieser Erkenntnis arbeite ich seit einiger Zeit. Ich schreibe mir jeden Tag auf, wofür ich dankbar bin, was ich Kleines und Großes geleistet habe, bin in zwei Mastermind-Gruppen, lasse mich coachen und achte darauf, mich möglichst nur mit Positivem zu umgeben.

Fangen Sie an, Ihr Leben zu leben

„Oha", denken Sie vielleicht, „so viel?" Ja, es ist nicht leicht, sich zu ändern, wenn man sein Leben umkrempeln will. Sie müssen durchhalten. Allerdings ist es zum Glück angenehme Arbeit und am Ende werden Sie reichlich belohnt. Und schon auf dem Weg zum Ziel erleben Sie ständig tolle Momente.

Durch die Arbeit an meinem Blog mache ich mehr, was mir wirklich Spaß macht. Ich finde es geil, Interviews zu führen und bin nun ständig auf der Suche nach interessanten Personen. Anderen zu helfen, Kontakte zu knüpfen, mein Netzwerk auszuweiten und Kooperationen durchzuführen, sind Sachen, die ich total gerne mache. Vorher hätte ich nie gedacht, dass ich mich auf Facebook und Co. so wohl fühle.

Ich erlebe immer mehr Momente, in denen ich das Leben wirklich genieße, erfüllt und dankbar bin. Dadurch hat sich mein Leben wesentlich verbessert. Ich weiß, dass ich auf dem richtigen Weg und nicht mehr abhängig bin. Ich kann für mich selbst sorgen. Und es wird noch viel besser werden.

Das wünsche ich Ihnen auch. Wenn Sie bisher Probleme hatten, Geld anzuziehen, unzufrieden mit Ihrem Leben sind, sich gerne selbst um Ihre Finanzen kümmern wollen, rate ich Ihnen: Fangen Sie endlich damit an!

Wenn Sie sich von diesem Buch aus auf meinen Blog gegeben, um dort mehr von mir zu lesen, wundern Sie sich bitte nicht, dass ich Sie duze. Auf meiner eigenen Plattform liegt mir das Du wesentlich besser als das Sie.
Ich freue mich auf Dich!

* * *

MIT IMMOBILIEN REICH WERDEN

Von Monika Reich

Dieser Artikel setzt sich zusammen aus zwei Gastbeiträgen für einen Blog und ein Buch. Er erläutert Fragen rund um den Immobilienerwerb zu heutigen Zeiten:

Mein Vermögen habe ich hauptsächlich durch den Kauf von Immobilien erwirtschaftet. Dazu hat im wesentlichen eine Mietshaus in Fulda beigetragen, welches ich vor knapp 20 Jahren – damals war ich 28 – mit einem Freund gekauft habe. Inzwischen habe ich noch einige andere Immobilien. Vermietet sind zwei Wohnungen in Berlin und Dresden. Ansonsten nenne ich mein kleines Reihenhaus und mein Büro/Yogaraum mein eigen. Für letzteres zahle ich gerade auch noch einen Kredit ab. Es war aber trotzdem günstiger so, als solche Räumlichkeiten zu mieten. Die anderen Immobilien sind inzwischen schuldenfrei und damit bilden die Mieteinnahmen meine finanzielle Basis.

Wann eignen sich Immobilien als Geldanlage?

In Deutschland sind im wesentlichen vermietete Immobilien eine sinnvolle Geldanlage, weil man diese steuerlich besser geltend machen kann als eine eigengenutzte Immobilie. Neben diesen steuerlichen Gesichtspunkten kann auch eine selbstgenutzte Immobilien unter bestimmten Rahmenbedingungen Sinn machen.

In der Regel kann man einen Kaufpreis für eine Immobilie nicht auf einen Schlag bezahlen, sondern man benötigt einen Kredit. Diese sind natürlich im Augenblick unschlagbar günstig, entsprechend leicht ist es, sich Geld zu leihen. Aber in diesen günstigen Zinsen sehe ich auch eine große Gefahr. Wenn mir jemand vor 15 Jahren gesagt hätte, 2016 liegt der Leitzins bei 0 Prozent, dann hätte ich mir das nicht vorstellen können. Damals lag der Zins bei etwa 5% und ich fand das günstig. Nun können wir nicht in die Zukunft schauen, aber es könnte ja sein, dass in 15 Jahren der Zins wieder bei 5% liegt. Die Folge wären viele Zwangsversteigerungen. Weil eben viele ihre Immobilien so finanzieren, dass sie die Raten mit einem Zinssatz von 2% gut bedienen können, bei 5 oder 6% aber schlicht nicht mehr. Auch nicht, wenn man ein bisschen von einem großen Kredit bereits getilgt hat. Und spätestens nach 15 Jahren müssen die meisten einen Kredit refinanzieren, zu den Konditionen die dann gelten. Damit habe ich schon ein wesentliches Risiko beim heutigen Kauf von Immobilien angesprochen.

Grundsätzlich ist der Kredit ein Hebel. Mit Hilfe des Kredites bewegen wir mehr Geld, wenn es gut geht, dann haben am Ende die Mieter nicht nur den Zins sondern auch die Tilgung des Kredites übernommen und damit wird irgendwann kein Kredit mehr benötigt, die Mieteinnahmen können für andere Dinge genutzt werden.

Vor- und Nachteile der Geldanlage in Immobilien

Für mich war die (eher zufällige) Entscheidung für eine Immobilie eher vorteilhaft. Wenn mein Kapital nicht so fest in der ersten Immobilie gesteckt hätte, dann hätte ich meinen Finanzierungsweg in den letzten 20 Jahren mehrmals gewechselt. Ich erlebe das jetzt bei Aktien. Wenn da mal eine 10% Verlust macht, dann denke ich darüber nach, diese zu verkaufen. Und tue es bei einigen auch. Meine Wohnungen haben immer mal Verlust gemacht, gerade in den ersten Jahren hatte ich das Gefühl, eine eher schlechte Finanzanlage gemacht zu haben. Und ich war ja trotzdem gezwungen, weiterhin Geld reinzustecken, wenn beispielsweise Reparaturen anstanden. Aber ich bin dran geblieben und habe eben nicht gleich wieder verkauft. Weil es schlicht zu aufwendig gewesen wäre. Trotzdem ist das wahrscheinlich auch eine gute Strategie bei anderen Geldanlagen. Bei täglicher Verfügbarkeit und gleichzeitig täglicher Wertermittlung ist dies natürlich schwerer einzuhalten. Umgekehrt liegt in der Verfügbarkeit sicherlich auch ein großer Vorteil bei anderen Kapitalanlagen. Man kann eben auch umschichten.

Ob ich in den letzten 20 Jahren nur umgeschichtet hätte oder ob ich, bei freier Verfügbarkeit, das freie Geld auch ausgegeben hätte, kann ich nicht genau sagen.

Wenn es um die Auswahl der Immobilie liegt, denke ich, ist der allseits bekannte Rat wichtig: Die Lage entscheidet. Weil ich auch mit 28 Jahren schon passionierte Bahnfahrerin war, habe ich damals für mich die Losung ausgegeben, dass wir ein Haus brauchen, was fussläufig zum ICE Bahnhof liegen muss. Das haben wir auch gefunden und es liegt entsprechend gut. Die Lage macht sich heute im Preis schwer bemerkbar.

Nun ist aktuell die Frage, welche Lage die richtige ist und das ist schwer zu entscheiden. Im Augenblick würde ich als Kapitalanlage in größeren Städten keine Immobilie kaufen, weil der Markt überteuert ist. Auf dem Land ist der Markt im Keller und keiner weiß so genau, ob er sich erholen wird. Ob man nun auf dem Land in irgendeinem kleineren Zentrum eine Immobilie erwirbt oder in Stadtrandlage, man weiß eben einfach nie, wie sich eine Gegend entwickelt. Sicherlich ist ein ÖPNV Anschluss ein gutes Merkmal, aber es wird sicherlich noch andere Kriterien geben, die spekulativ Sinn machen können. Auch finden sich in Städten natürlich immer mal wieder Schnäppchen.

Risiken beim Immobilienkauf

Neben der Lage einer Immobilie ist bei Bestandsimmobilien der Zustand des Hauses zu bewerten. Hier würde ich immer schauen, dass man sich fachkundigen Rat einholt. Bei fast allen Käufen hatte ich einen Architekten mit an Bord, dabei habe ich auch viele anvisierte Immobilienkäufe wieder verworfen. Außerdem sollte man auf jeden Fall die Protokolle der

Eigentümerversammlungen gut lesen. Wenn es hier Unklarheiten gibt, dann lasse ich bereits in dieser Phase die Finger vom Kauf.

Laufende Risiken bei einer Immobilie

Wenn man dann eine Immobilie hat, gibt es immer wieder das Risiko, dass die Miete nicht gezahlt wird. Hier habe ich auch einiges an Lehrgeld zahlen müssen und bin heute bei einer Neuvermietung sehr hinter belastbaren Sicherheiten her.

Natürlich kann auch mal die Instandhaltungsrücklage nicht reichen und man muss bei Reparaturen Geld hinzuzahlen. Hier lohnt es sich auf jeden Fall einen Puffer anzusparen, weil es sonst schnell zu Engpässen kommen kann.

Und man kann Pech haben mit Mietern, die immer wieder auf der Matte stehen, weil ihnen irgendwas nicht passt. Oder die eben die Miete nicht regelmässig zahlen. Da kann es zu vielen Überraschungen kommen.

Grundsätzlich kann man sich vor Augen führen: Mieter werden nicht Freunde. Man kann sie fair behandeln und das hat schon positive Auswirkungen. Dennoch haben sie eine Position, die nicht die eigene ist. Und entsprechend wird es immer wieder zu Diskussionen um Nebenkosten oder Mieterhöhungen kommen. Egal wie selten man die Miete erhöht, das wird immer als ungerecht wahrgenommen. Also, wer nicht von seinen Mietern als Kapitalistenschwein wahrgenommen werden will, der sollte sich keine Immobilie zulegen. Das Schwein wird man automatisch, maximal schafft man es zu einem netten Schwein.

Wie viel Arbeit hat man mit einer Immobilie?

Wenn man es schafft, sich über die Menschen, mit denen man es da zu tun hat, nicht aufzuregen, ist der Aufwand nicht groß. Ich schaffe das nicht immer. Und dann ist der gefühlte Aufwand natürlich größer. In einem normalen Jahr hat man die Eigentümerversammlung, die etwas Zeitaufwand benötigt, dann kostet es mich ein bis zwei Stunden um die Nebenkostenabrechung von der Hausverwaltung für meine Mieter aufzubereiten. Und bei der Steuererklärung muss ich die Zahlen für die Wohnungen übernehmen.

Sonderarbeiten entstehen, wenn es einen Mieterwechsel gibt, wenn Reparaturen anstehen oder wenn ein Mieter seine Miete nicht zahlt.

Schmunzeln muss ich immer bei der Lektüre von Finanzratgebern, wenn geraten wird, bis etwa 60 das Geld in Aktien zu investieren, um es dann in den ruhigen Hafen der Immobilieninvestments umzuschichten. Also wenn es sich hier um echte Immobilien handelt, kann ich von diesem Tipp nur abraten. Ich möchte mit 80 nicht mehr wegen 35,- € Nebenkosten mit einem Mieter streiten. Bei meiner Oma ist da auch tatsächlich ein kleiner SuperGAU passiert. Sie hatte eine Mietimmobilie und hatte dann irgendwann keinen Überblick mehr. Sie wurde stolze 86 Jahre alt und bei der Sichtung ihrer Unterlagen zum Nachlass wurde deutlich, dass der Mieter über Jahre hinweg keine Miete mehr bezahlt hat. Es ist ihr schlicht nicht aufgefallen.

Wie finanziert man eine Immobilie richtig?

Ich hatte dazu schon das Problem des geringen Zinses erwähnt. Deshalb würde ich bei den Berechnungen zunächst klären, ob sich der benötigte Kredit auch bei einem Zinssatz von 5%, dann allerdings mit geringer Tilgung, finanzieren lässt.

Entsprechend würde eine Kreditrechnung fiktiv auf 6% Belastung kommen (1% für die Tilgung/5% für den Zins). Wenn diese Kosten finanziert werden können, dann kann man mit den aktuellen günstigen Zinsen mehr tilgen und damit die Kreditsumme schneller abbezahlen. Eine weitere Entlastung für die Zukunft.

Bei einer vermieteten Immobilie sollten diese Kosten die Mieter tragen. Wenn lange nicht die Mieten erhöht wurden, kann man am Anfang eventuell einen kleinen Betrag selber dazuzahlen. Dieser dürfte dann im Laufe der Zeit wegfallen. Da man aber ohnehin immer noch mit Kosten für Reparaturen und andere Dinge einen Puffer braucht, würde ich hier nicht zu knapp kalkulieren.

Bei einer selbstgenutzten Immobilie sollte die oben genannte Belastung nicht wesentlich über dem aktuellen Mietpreis liegen.

Bei den meisten Immobilien, die aktuell auf dem Markt angeboten werden, lassen sich diese Berechnungen nicht realisieren. Sie sind schlicht zu teuer. Entsprechend muss man mehr Risiken eingehen, die möglicherweise positiv ausgehen, oder aber eben nicht.

Beispielrechnung
Hier ein Beispiel, bei dem ich gerade beratend tätig werden konnte, ob diese Immobilie gekauft werden kann:

Lage: sehr schöne Kurstadt, mitten im Zentrum.

Nutzung: Ein Paar will die Wohnung in etwa 10 bis 15 Jahren als Alterssitz nutzen, bis dahin soll die Wohnung vermietet werden.
Wohnung: 123 qm Neubau
Preis: 400.000,- € + 40.000,- € Nebenkosten
Möglicher Mietpreis zum aktuellen Zeitpunkt: Zwischen 10 und 12,50 € pro Quadratmeter
Vorhandenes Eigenkapital: 80.000,- €

So sehen meine Rechnungen dazu aus:
Zu finanzieren sind: 360.000,- € mit einem Zinssatz von 1,8 % und einer Tilgung von 2 %. Macht aktuell eine monatliche Belastung von 1.140 €. Die Zinsbindung läuft nach 10 Jahren aus.

Die Mieteinnahmen dürften diese anfangs decken, wenn sich die 10 € realisieren lassen, ist mit 1.230 € Kaltmiete zu rechnen. Der Puffer wird für die nicht umlagefähigen Nebenkosten wie Hausverwaltung und Instandhaltungsrücklage draufgehen.
Nach 10 Jahren gestaltet sich die Rechnung spekulativ, weil wir nicht wissen, wie hoch die Zinssätze dann sind.

Sind sie immer noch so niedrig, ist alles kein Problem. Dann müssen nur noch 281.000 € finanziert werden, was dann eine monatliche Rate von 890 € bedeuten würde. Rechnet man noch eine Mieterhöhung alle drei Jahre von 15% hinzu, kommt man nun auf einen schönen Überschuss. Denn die Miete würde dann jetzt bereits 1.870 € betragen. Macht knapp 1.000 € Überschuss.

Gehen wir von einer Zinserhöhung von 2% aus, beträgt der Überschuss nur noch 510 €. Und bei einer Zinserhöhung von 4% würde die Rate an die Bank 1.826 € hoch sein, damit würde man mit den nicht umlagefähigen Nebenkosten wahrscheinlich Geld draufzahlen. Und es ist immer nicht sicher, ob man Mieter findet, die bereit sind, jede Mieterhöhung mitzumachen. Logisch für Wohnungen müssen sich immer Mieter finden, die bereit sind dafür zu bezahlen.

Was die Rendite angeht, finde ich es immer schwer, diese für Immobilien zu berechnen. Am Anfang ist diese niedrig und steigt an, wenn der Kredit kleiner wird und die Mieten hoffentlich steigen. Von daher finde ich es schwer, die Rendite für die heute eingesetzten 80.000 € zu berechnen. Aber auch bei Aktiengewinnen berechnen wir dies immer nur mit durchschnittlichen Zahlen aus der Vergangenheit, von daher handelt sich die zukünftige Renditerechnung immer um spekulative Berechnungen, die eintreten können oder eben nicht. Mit dem Unterschied, dass hier ein mittelgroßes Depot mit locker 10 bis 20 verschiedenen Aktien oder ETFs auf eine Karte, nämlich diese Wohnung gesetzt werden. Und sich ähnlich wie bei einem Fond der Ausgabeaufschlag, erstmal die Kaufnebenkosten in Höhe von 40.000 €, wieder einspielen müssen.

Bei dem konkreten Fall sieht die Immobiliennutzung noch anders aus. Die Beiden haben ein eigenes Haus in guter Lage. In 10 oder 15 Jahren soll dieses, dann abbezahlte, Haus verkauft werden, der Kaufpreis sollte dann den Rest-preis der neuen Wohnung zu einem Großteil finanzieren können. Von daher sollte aus finanztechnischer Sicht der Kauf für die Beiden relativ sicher sein.

* * *

NOCH MEHR INFOS?

Ich möchte mich auf diesem Weg nochmal herzlich bei allen Gastautoren für ihre Beiträge bedanken.

Darüber hinaus gibt es natürlich noch viel mehr Seiten im Netz, die das Thema Geld und finanzielle Freiheit behandeln. Auf der Seite von www.Klunkerchen.com finden Sie unter Links eine laufend aktualisierte Liste von spannenden Blogs zum Thema Finanzen.